JN015264

決定版

よい名前
悪い名前

イヴルルド遙華・著

小学館

はじめに

これは主に2つのことが
できるようになる本です。

1つめは、名前の画数から基本運勢や仕事運
や恋愛運などを見る、いわゆる「姓名判断」
ができるようになること。

　ご自身はもちろん、お友達や恋人、家族、気になる
あの人……など、周囲の人の運勢を見てあげることも
できます。

2つめは、その「姓名判断」をもとにプチ改
名やネーミング……つまり、運気が上がる名

付けができるようになること。

　本書でお伝えするイヴルルド遙華式の姓名判断において
は、「戸籍名ではなく日常生活になじみのある表
記や呼び方に運気が宿る」という考え方がベース。

　本名だけではなく、ニックネームだったり、SNS
のアカウント名だったり、これから始めるお店やブラ
ンドの名前やプロジェクトや企画名だったり……。

　人名だけにとどまらない、ありとあらゆるすべての
ものに使える画数による運勢の見方を提案しています。

そして、この本は主に2パターンの人に役立つはず
です。

まずは

もっと人生を好転させたい人

例えば

・仕事で評価してもらえない

・ママ友の輪に入れない……もっと仲よくしたいのに

・恋愛がいつもうまくいかない

・インスタのフォロワー数が伸び悩んでいる

・何をするにもなぜか必ず邪魔が入る

……etc.

　このような方たちは、名前や呼び名やアカウント名などを変えることで、大きな変化を得られるかもしれないのです。

　本書を使って自分の名前の画数を見て、まずはそこに宿った運勢を知りましょう。そして、もっとよい運気を身につけたいと思ったら……よい画数に整える方法をお伝えしていくので、ぜひ検討してみてください。

　さらに、

これから新しく名前をつける人

例えば
・生まれてくる赤ちゃんの名前を考えたい
・副業を始めるにあたりビジネスネームを作りたい
・ネットショップを立ち上げるので、ブランド名を考えたい
・YouTube 配信を始めるので、アカウント名を考え中
　　　　　　　　　　　　　　　　　　　……etc.

　こういう子に育ってもらいたい！と、願いや希望を込めて赤ちゃんに名前をつけるように、ビジネスネームや会社名、店名、ブランド名、新しく始めるプロジェクト名なども同じです。

　どう育っていくのが理想なのか。目標へ向かってステップアップができるように、本書を使って呼び込み

たい運を名前に宿しましょう。

　以上をふまえこの本とのつきあい方をご提案します。

　これは 1 回読んで終わり、という本ではありません。
何度も何度も繰り返し、開いてほしいのです。

　自分のことだけでなく、周囲の人たちの運勢を見る
のも、おすすめの使い方。
　いつも悪い男にばかり引っかかっている女友達の名
前を見てあげることができますし、大好きな彼が独立
することになったら発展する会社名を一緒に考える、
YouTuber になりたいという子供と人気の出そうなア
カウント名を探してみる、なんてこともできます。

　"一家に一冊"。困ったり必要となったタイミングで
頼ったり、そんな、お家に必ずある事典のような使い

方をしていただけると幸いです。

「よい名前」を持つことは、お守りのようなもの。

　第1章から詳しく説明していきますが、まずは、いつも使っている自分の名前の画数がどんな運気を持っているのか確認してみましょう。

　私はこれまでにも姓名鑑定の本を出してきましたが、その時からさらに鑑定例も増え、パワーアップしています。また、最近ではデジタル上で文字が扱われる機会が増え、従来とは表記が変わってきたりしていることもあります。
　時代が変わろうとしている「今」に合わせてアップデートした、姓名判断の知識を幅広く役立てていただければと思います。

Contents
目次

第2章
まずは自分の名前を
調べてみましょう!

第3章
運命を変える!
プチ改名の手順ガイド

79

第4章
なりたい運勢になれる!
ターゲット別のコツ

プチ改名や新規ネーミングで
とっても大切な5箇条

なりたい自分像から考える
おすすめ画数

第1章

「よい名前」
「悪い名前」とは?

「ネーミング」が重要視されていく時代へ

　これからの時代、ライフスタイルの変化に伴い、姓名判断をもとに行う、「ネーミング＝名付け」の技術がいっそう重要視されていくのではないかと思っています。

　会社に勤めてそこで定年まで働く……年功序列・終身雇用の働き方が当たり前だった時代から、能力主義などのグローバルスタンダードの方式が浸透。若くして独立をする人も珍しくなくなり、フリーランスで働く人や会社を作って事業を始める人が増えています。
　大企業も次々に副業を解禁し始めたことを受けて、本業のほかに仕事を始める人も増加。60才で定年を迎えたらあとはリタイア、という世の中ではなくなってきています。
　ひと昔前まで"肩書は1つ"が一般的でしたが、今はどうでしょうか。パラレルキャリアという言葉もよく耳にするようになり、ひとりで複数の肩書を持つ人も珍しくなくなりました。

　最近は「サイドビジネスをするにあたり、ビジネスネームをつけたい」という鑑定相談も多く受けます。

　さらには Instagram や Twitter、YouTube など SNS の発達により、個人で自由に発信できるようになり、会社を作らずとも Web 上でビジネスを始めたり、社会的な活動や表現をしたりしやすい時代になりました。

　そんな場でも、アカウント名や登録名、屋号などの「ネーミング＝名付け」が必要となる機会が増えています。

　会社に属してそこで会社の看板を背負って戦う時代から、「個人」を重視した働き方へとシフト。テクノロジーの進化によって、人工知能が発達し、今ある仕事がどんどんロボットにとって代わられるといわれている背景。……考え合わせると、より自分にしかできないことを追求し、「個人」を強くしていかないと生き残っていけない時代に突入してきています。

　さらにやってきたのが、世界中を混乱に導いた新型コロナウイルスの脅威です。なんの準備もなくいきなり始まったテレワークやオンラインでの会議など、半ば強制的に働き方変革が施行されたかのような時代がやってき

ました。

「こんな時代をどう生き抜くか?」

　そう聞かれたら私は「自分の得意なことや好きなことをどんどんやりましょう」と迷わず答えます。やりたいことや好きなことがあれば、今が始め時だと思って挑戦してほしいのです。

　現在の仕事をいきなりやめずとも、副業や趣味でもいいので、とりあえず行動してみること。
　そうやって「個」を磨き、育て、自分の存在をどれだけ主張することができるのか?

　考えて動く。

　それがこの激動の時代を勝ち抜くためのカギになっていくでしょう。
　そして、そんな時代を生き抜くなかでの "お守り" となるのが「よい名前」なのです。

生き方の多様化で
別の名前をつけることも増えていく

　私自身、生まれもった戸籍名の他にフォーチュン アドバイザーとしての「イヴルルド遙華」など、複数のビジネスネームを仕事の種類ごとに使い分けてきました。

　すべて私であることに間違いはないのですが、それぞれの名前でいる時は、自分が目指しているものや、ふるまいや考え方、運勢の流れまで違ってきます。

　ビジネスによって、またライフスタイルによって別の名前をつけるというケースも、これからはどんどん一般的になってくるでしょう。

　会社では今の本名で粛々と働き、副業やSNS上ではアグレッシブにキラキラと輝きたいからそれに相応しい別の名前をつける、というパターンもあるでしょう。

　独立や起業をきっかけに、新たな自分に生まれ変わる

ようなビジネスネームを考えたい、ということもあると思います。

　あるいは、自分の呼び名やニックネームを「運気の上がるよい画数」に変えたいという方もいるでしょう。

　独立、副業、パラレルキャリア、Instagram、YouTubeのアカウント……有名人でなくても、本名以外の名前が求められる機会は増えてきています。

　働き方、生き方が多様化して、「個人」を強くしないといけない時代だからこそ、展望とライフスタイルによって、その人なりのネーミングの生かし方で差がついてくるのです。

　また、姓名判断で、人間関係を円滑にすることも可能です。

　私は仕事などで初めて会う人の名前がわかっていれば、画数を調べてから会うようにしています。
　どういう運気をまとっているのか？……どんな性格の傾向があるのか？をリサーチしておけば、つきあい方の

事前準備をできるからです。

　初対面の相手にいきなり、「生年月日や血液型を教えてください」とは言いにくいですが、名前さえわかれば画数の運気を調べることができるので、情報の少ない相手にも活用しやすいのです。

こんなことがありました。

　海外出張に行った時、スタッフの中にかなり悪い画数の名前の人がいたのです。撮影日には台風がやってくるし、一緒にタクシーに乗るとなぜか毎回運転手さんが道に迷って遠回りさせられたり。挙句の果てには、打ち上げの食事に行こうとした店がその日に限って臨時休業で皆が険悪に……と散々。

　かたや、別の仕事で海外に行った時のこと。その時はスタッフ全員の画数がよかったのですが、この出張はもう、よいこと続きでした。ホテルの部屋がグレードアップされたり、当たり前のように毎日晴天。撮影も予定より早く終わって、余った時間でゆっくり過ごせたり……。

　関わっている人の名前の画数を調べてみると、ああやっぱり、と納得することばかりなので、事前に画数を知って心がまえをしておくことは、人間関係を円滑に運ぶ秘訣でもあると思うのです。

名前が持つパワーの正体

ところで、名前がどうしてそんな影響を及ぼすの？と思われますよね。そのことについてお話ししていきましょう。

「名は体を表す」という言葉があります。これは名前がそのものの実体を表しているということ。

例えば初対面の相手と名刺交換をした時、容姿や表情、雰囲気だけでなく、名前から受けるイメージも印象として無意識に刷り込まれています。

「かわいい名前だな」「強そうな名前だな」……など。

これは、その名前を構成する文字の造形や、音の響きなどによって、相手に与える力があるということです。

古来日本では「忌み名」といって、身分の高い人の名前を口にすることは失礼にあたるとされ、役職名で呼ぶのが一般的でした。

「名前＝人格」であって、名前を呼ばれることで人格が

支配されると考えられてきたからです。

　もう１つキーワードになるのが「言霊（ことだま）」。
　口に出した言葉には魂が宿るとされています。「縁起でもないこと言わないで！」なんて言葉がありますが、昔からよい言葉を口にすると叶い、悪い言葉を口に出すと悪いことが起こってしまうとされてきました。

　そう考えると、一生で何度となく呼ばれたり、書かれたりする名前が人生を左右していくほどのパワーを持っているという神秘性も腑に落ちる気がしませんか。
　よい運気を持っている名前は、その人を幸運体質へと導き、反対に悪い運気を持っている名前はその人の人生を悪い方向へ向けてしまう……。それくらい影響力のあるものなのです。

　また、名前はお店でいうところの看板のようなもの。お店の看板を作るなら、そのお店にあった世界観で、その存在感をアピールできて、皆に好感をもって受け入れられるものがいいですよね。

　あなたの名前も同じ。よい名前は、その人を表して印象づけ、武器となり、お守りともいえる存在になるのです。

名前の画数と運勢の深い関わり

"名前の画数と運勢の深い関わり"について、「そんなの根拠ある?」「たまたまじゃない……?」と思う人もいると思います。実際、私もそうでしたから。

　10代までの私は病気がちで生死の境をさまよったこともあるほどどん底の日々を送っていました。それが、今のような前向きでポジティブな人生に転換したのは普段使う「名前」を変えてからです。

　かくいう私自身「名前で運勢が変わる」なんて正直、

半信半疑でしたが、自分の経験やいろんな「名前」を調べていくにつれ、その力に魅了されていきました。（詳しくは31ページからのコラムを参照してください）。

　私はこの本の主題である姓名判断の他にも、算命学や西洋占星術やタロットや風水を独学しました。そしてこれらの占いを日々研究するなかで生まれた、人生の流れを24の節目で区切る「フォーチュンサイクル」というオリジナルの占術も用いて、多くの方々を鑑定させていただいています。

　鑑定の経験を積み重ねるにつれて確信するようになったのが、「名前」が持つ力の大きさです。

　鑑定に来てくださる方や仕事などで知り合った方などのお話をきいていると、棚ぼた式にチャンスが巡ってきたり、自分がほしいと思っているものを引き寄せたり、よい人に巡り会えていたり……。見事なほどの強運の持ち主がいるのです。そしてそんな方の画数を調べて統計をとっていくと、ある傾向が見えてきたのです。

　逆に、信じていた人に裏切られたり、あと一歩という

ところで邪魔が入ったり、いつまでたっても努力が報われなかったり、なぜかトラブル続き……。そんな悩みを抱えている方たちの画数を調べてみると、やはり一定の傾向が見られるのです。

それに気づいてからは、ニュースで話題になっている有名人、大人気のお店やブランド、事件を起こしてしまった著名人……など、気になる人やモノのあらゆる画数を調べては独自に統計をとってきました。その数は何十万事例にもなります。

その結果、導き出された法則をもとに考案したのが"イヴルルド式姓名判断"なのです。

と聞いても「名前を変えるのはそう簡単にできることじゃないし……」「親からもらった名前は大事にしたいから、変えたくない」という方も多いかもしれません。

でもこの本でこれからおすすめする「改名」とは、戸籍名を変えることではありません。愛称や呼び名、SNSのアカウント名を変えたり、あるいは名前の表記を変えたりする"プチ改名"をメインとしています。

名前は認知度で決まります
"ニックネーム"も大きく運勢に影響

姿名判断というと、戸籍上の本名といった"正式な名前"に意識が向きがちです。しかし私は、

「日常生活でなじみのある表記、呼び方にこそ、その人を左右する運気が宿る」

と考えます。

戸籍上は旧式漢字でも普段使っているのが新字体であればそちらで鑑定しますし、芸名やペンネームで活動している場合、世の中に広く知れ渡っている名前のほうが運勢に強い影響を与えています。

つまり、

イヴルルド遙華式の姓名判断の場合、
重要視するのは名前の"認知度"

ということになります。

　仲間や家族内で呼ばれているニックネームや、彼や
パートナーから呼ばれている名前も、その人たちと築い
ている環境の中での運気を左右することになります。

　さらには Instagram、Twitter、YouTube などの SNS ア
カウント名、ブログのペンネームなど、本名だけではな
く、自分に関わるすべての「名前」を調べることで、よ
り細かく運気を見ることができます。

　姓名判断にはいくつかの流派があります。私の場合は
自分の統計結果をもとに編み出したオリジナルなので、
これまでに姓名判断をしたことがあるという方も、違う
結果になるかもしれません。

　画数の数え方も独自です。詳しくは後述しますが、漢
字以外のひらがな、カタカナ、アルファベット、数字、
記号などの数え方は、この本の 128 〜 129 ページの「画
数早見表」をご参照ください。

　名前はこれからも一生、自分自身と一緒に生きていく
もので切り離すことはできません。その名前が指し示す
運勢を知って生きるのと、知らないで生きるのとでは、

大きく違いが出てくると思いませんか。

　まず手始めに、今のあなたの名前の自己鑑定を行うだけでも十分に意味があります。

　次の章から、あなたが普段使っている名前や、あなたが呼ばれている名前の画数を調べてみましょう。

改名で変わった私の人生！イヴルルド遙華ストーリー

 ## もともと私の名前は最悪な画数でした

「病気に苦しめられ、人には誤解されやすく、チャンスを逃しやすい人生」

19才の時のことです。とある姓名判断の先生に私の名前を見てもらった時に言われたのがこの言葉でした。

九州の福岡県で生まれ育った私は、幼い頃から病気がち。運動会や遠足など楽しみにしていたイベントの前日に熱を出したり、風邪かと思っていたら入院するほど重症化したり。性格もものすごく内気でした。

「元気いっぱいなイヴルルドさんに会うといつもパワーをもらえます！」なんて言っていただけるようになった今の私からは想像がつかない、と驚かれるかもしれません。

でも、これは紛れもない事実。ここぞというところで失敗したり、チャンスを逃したり、そしてそんな自分が情けなくて、落ち込んで……。友達もほとんどおらず、恋もせず、今思うと「暗い子」だった私の学生時代はどん底でした。

　19才のある日。病弱だった私は緊急入院して危篤状態に陥ってしまったのです。「もしもの時の覚悟をしてください」とまで、お医者さんから母に宣告されました。

　その時のことは、おぼろげな記憶ながらも、絶対に忘れられません。場所は集中治療室。朦朧とする意識の中で「このまま私の人生は終わるのだろうか……」という、強い恐怖に襲われたのです。

　かろうじて一命は取りとめ、数か月入院後に無事退院することができました。そして「これからはもっと人生を楽しみたい」という強い気持ちが心に刻まれたのです。
　入院中、自分がいた集中治療室に深夜担ぎ込まれてきた方が、翌日には亡くなっている……。そんな現実を目の当たりにしたのも大きかったと思います。しかし、これから充実した人生を送ろうと思っても具体的にどう行動したらいいのかがわからず、しばらくは悶々とする日々でした。

　そんな時、姓名判断の先生に言われたのが、冒頭の言葉。

そもそも当時はまったく姓名判断に興味がなく、「いとこの赤ちゃんの名前の相談をしに行くから一緒に行こう」と祖母に言われ、なんとなくついて行っただけ。だから「ついでにあなたの名前も見てもらいましょう」となっても、「名前で何がわかるの？」と疑いの気持ちしかありません。自分自身のことは何も語らず、名前だけ紙に書いて先生に渡したのでした。

　でも、その鑑定結果があまりにも自分に当てはまっていたので、ショックでした。大病で生死をさまよう経験をしたことや、人間関係のつらさも言い当てられたのですから。よかれと思ってやったことが裏目に出たり、どんな時も笑顔でいようと自分なりに努力すれば「能天気でいいね」と嫌味が返ってきたり。真意が伝わらない悔しさ……そんな悩みも名前を見ただけでわかってしまったのです。

 ## 改名を人任せにしてはいけない理由

　姓名判断ってすごいものなんじゃないか。興味を持った私は、すぐに独学で家族や親戚の姓名を調べ始めます。次々と当てはまる結果が出ただけでなく、知らなかった家族の過去が明るみに出ることさえも。的中率がとにかくすごいので、どんどんのめり込んでいきました。

「人生をもっと楽しく生きたい……」と悶々としていた気持ちと姓名判断がすぐさまリンク。そこで「自分を変えよう！改名をして人生をやり直そう！」と決意し、名前を見てもらった先生に改名をお願いしたのです。

でもそこでいただいた名前が「はるかミミ」……。

「これが私の名前になるの……？」

いくらよい画数だとしても自分には違和感だらけの名前で、受け入れることができませんでした。アイドルみたいでかわいい名前と思う人もいるかもしれませんが、その時の私のイメージにはまったく相応しくない響きと字面。

「なんか、この名前は私には似合わない気が……」
先生に自分の気持ちを伝えても、「よい画数だから大丈夫よ！」と聞く耳をもってもらえませんでした。

それだったら自力で新しい名前を探そう。姓名判断を深く学ぼう。そう決めたことが、姓名鑑定を始めるきっかけになりました。また「いくら画数がよくても、自分自身で納得できていなかったら意味がない」ということも深い学びに。

私の鑑定スタイルは、この経験がもとになっているので、「一方的にこちらが名前を決めてお渡しするのではなく、ご

自身で考えていただいた候補名にアドバイスする」という形になっているのです。

改名するタイミングもご自分で決断していただきます。それは人生のモチベーションに関わることだから。モチベーションが高い人はエネルギーも高く、それこそが運気を大きくまわして上がっていくのです。

20才で改名後、それまでとは まったく違う望み通りの人生に

私が新しい名前を自分で見つけて決め、改名したのは20才の時でした。戸籍上の名前を変えたわけではなく、自分の力でビジネスをやっていこうという気持ちを込めて「ポリシーを貫き、向上心を忘れない」というビジネスネームを新しく持ったのです。

それからは、地元の福岡に20代で雑貨店をオープンすることができ、病気に悩まされることなく健康になり、人にも恵まれて充実した日々を過ごせています。

そして改名で新しい人生を手に入れたことで、姓名判断以外の占いにも興味を持つようになりました。あらゆる「占い」の知識が深まり、それをもとに周囲の人に独自のアドバイスを行っていましたが、これが思いのほか大好評。相談者とお

話ししてデータと経験が蓄積されていくなか、雑貨店を東京に移して「フォーチューン　アドバイザー」としての仕事も始めるようになりました。

　そこでさらに「フォーチューン　アドバイザー」としての名前を「イヴルルド遙華」と新しく決めたのです。

　またプライベートでは、盆栽教室で知り合った男性と2011年に結婚しました。プロポーズの場所は万里の長城。それは病気がちでアクティブに活動できなかった小学生の頃から憧れていた場所だったのです。

　思い返せば、10代までは何度も挫折感を味わいながら生きていましたが、今ではたとえ、どんな問題が起こっても、諦めずに努力すれば必ず乗り越えられる自信があります。

　それは私の名前の持つパワーのおかげ。よい運気が宿った名前が私の人生のお守りとなってくれているのです。

第 2 章

まずは自分の名前を
調べてみましょう!

ここからは実践編です。この章では名前を実際に自分で鑑定する方法をまとめています。まずはイヴルルド式姓名判断の大まかな仕組みから説明していきましょう。

イヴルルド式姓名判断の仕組み
前提となる3つのこと

その① 5つのエレメント

名前（フルネーム）の画数は総画数だけでなく、全部で5つ「画数を数える場所」があります。
　これを**エレメント(格)**と呼んでいます。

　名前すべての画数を足した「総格」のエレメントが総合運となりその人の人生を表すことに。ほかの4つのエレメントはさらに細かい運勢を表しています。

5つのエレメント(格)一覧

総格 │ (姓と名前すべてを足した画数) 総合運／51
才以降の運気など

天格 │ (姓の文字をすべて足した画数) 家系に課せ
られた運気など

人格 │ (姓の下の1文字と、名前の上の1文字を足
した画数) 仕事運／31才から50才までの
運気など

地格 │ (名前の文字をすべて足した画数) 基本的な
性格／0才から30才までの運気など

外格 │ (総格から人格を引いた画数) 対人関係運／
周囲からのサポート運／家庭運など

註：姓と名前が2文字の場合以外は足し方が変わってくるので45ページ
からの解説を参照してください。

姓名から数え出された画数を本書では

その② 11段階の吉凶

「スーパーウルトラ大吉」から「スーパーウルトラ大凶」まで 11 段階に分類しています。

（132 〜133ページの「画数が示す吉凶」参照）

スーパーウルトラ大吉
ウルトラ大吉
カリスマ大吉、スター大吉
大吉
吉
半吉
半凶
凶
大凶
ウルトラ大凶
スーパーウルトラ大凶

よい ↑

悪い ↓

その③ 画数それぞれの運気

さらに画数それぞれが示す運気があります。

（134 ページからの「画数表」参照）

1画 発展運	21画 責任運	41画 名実運	61画 自惚運
2画 孤独運	22画 不満運	42画 爆発運	62画 心労運
3画 組織運	23画 独立運	43画 浪費運	63画 隆盛運
4画 不遇運	24画 創造運	44画 傲慢運	64画 衰退運
5画 幸福運	25画 自我運	45画 達成運	65画 名声運
6画 安泰運	26画 人情運	46画 災難運	66画 苦境運
7画 魅力運	27画 威厳運	47画 繁盛運	67画 知力運
8画 努力運	28画 不和運	48画 円満運	68画 思考運
9画 禁欲運	29画 欲望運	49画 虚栄運	69画 不慮運
10画 苦労運	30画 左右運	50画 明暗運	70画 空虚運
11画 天恵運	31画 成功運	51画 変化運	71画 慎重運
12画 挫折運	32画 福徳運	52画 上昇運	72画 吉凶運
13画 話術運	33画 大志運	53画 信頼運	73画 執着運
14画 誤解運	34画 逆境運	54画 妨害運	74画 苦悩運
15画 人徳運	35画 師匠運	55画 逃避運	75画 継続運
16画 注目運	36画 困難運	56画 転落運	76画 翻弄運
17画 光輝運	37画 発揮運	57画 勤勉運	77画 上下運
18画 信念運	38画 才能運	58画 激動運	78画 信念運
19画 障害運	39画 活躍運	59画 敗北運	79画 困窮運
20画 薄幸運	40画 裏切運	60画 失意運	80画 失望運

総格はもちろん、各エレメント（画数を数える場所）の運気も調べながら、総合的にその人の名前を鑑定していきます。

　その①〜その③の前提と、この大まかな流れを念頭においた上で、早速セルフ鑑定をしていきましょう。

名前の鑑定手順

それでは具体的に見ていきましょう。まずは姓が 2 文字、名前が 2 文字の場合「菅田将暉」さんを例にします。「姓が 2 文字、名前が 2 文字」以外の人は 45 ページからの数え方をご参照ください。

STEP1 名前と画数を書き出す

巻末の「セルフ鑑定シート」を参照しながら自分の名前を書き、それぞれの字の画数を調べて記入

姓名判断にもさまざまな流派があり、画数の数え方が違う場合もあります。本書では、漢字については一般の常用漢字の画数で数えるので、漢和辞典やネットなどで確認してください。「しんにょう」の「辶」（2 画）、「辶」（3 画）なども間違えないように。

ひらがな、カタカナは、オリジナルのイヴルルド式の数え方をするので、128 ～ 129 ページの「画数早見表」を参照してください。

画数を足す

5つのエレメント（天格・人格・地格・外格・総格）
の画数を調べて記入

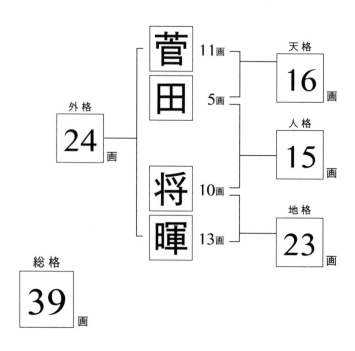

「姓が2文字、名前が2文字」
以外の人の数え方

「姓が 2 文字、名前が 2 文字」以外の数え方についても詳しく
説明していきます。該当する項目をチェックしてくださいね。

姓が2文字、名前が1文字の場合

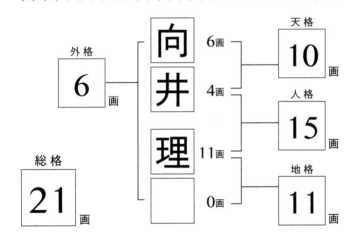

　名前が 1 文字の場合は、名前の下に 1 文字アキ（＝ 0
画）があるものとして計算します。したがって、「向井理」
さんはこのようになります。

姓が1文字、名前が2文字の場合

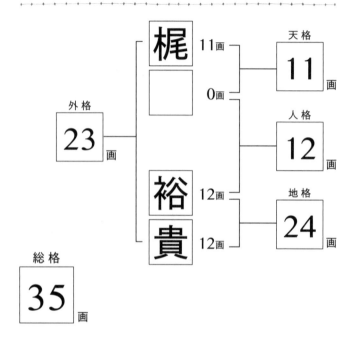

　姓が1文字の場合は、姓の下に1文字アキ（＝0画）があるものとして計算します。したがって「梶裕貴」さんはこのようになります。

姓も名前も1文字の場合

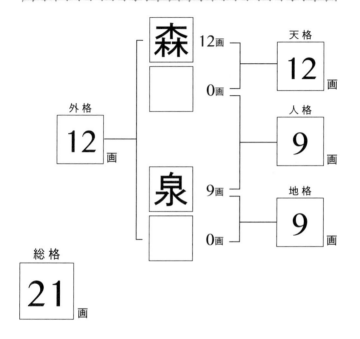

　姓も名前も1文字の場合は、姓の下に1文字アキ（＝
0画）、名前の下に1文字アキ（＝0画）があるものと
して計算します。したがって、「森泉」さんはこのよう
になります。

姓が３文字以上、名前が１文字の場合

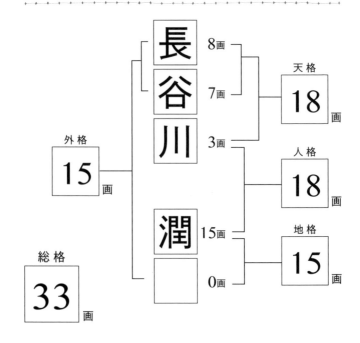

　姓が３文字以上、名前が１文字の場合は、姓はいちばん下の１文字とそれより上の２文字以上の２ブロックに分け、名前は下に１文字アキ（＝０画）があるものとして数えます。「長谷川潤」さんの場合は、姓を「長谷」と「川」に分けて計算することになります。

姓が1文字、名前が3文字以上の場合

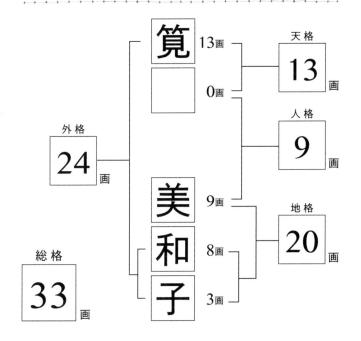

　姓が1文字、名前が3文字以上の場合は、姓に1文字アキ（＝0画）があるものとし、名前は上の1文字と下の2文字以上のブロックに分けて数えます。「筧美和子」さんの場合は名前を「美」と「和子」とに分けて計算することになります。

姓が2文字、名前が3文字以上の場合

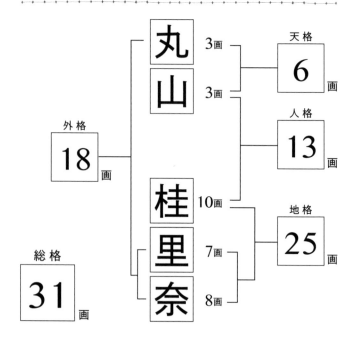

　名前が3文字以上の場合は、名前を上の1文字と下の2文字以上のブロックに分けて数えます。「丸山桂里奈」さんの場合ですと、「桂」と「里奈」に分けて数えることになります。

姓が3文字以上、名前が2文字の場合

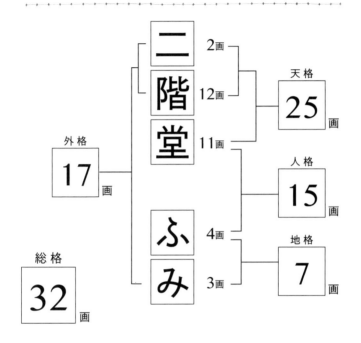

　姓が3文字以上、名前が2文字の場合は、姓をいちばん下の1文字とそれより上の2文字以上の2ブロックに分けて数えます。「二階堂ふみ」さんは、姓を「二階」と「堂」とに分けて計算します。

姓が3文字以上、名前が3文字以上の場合

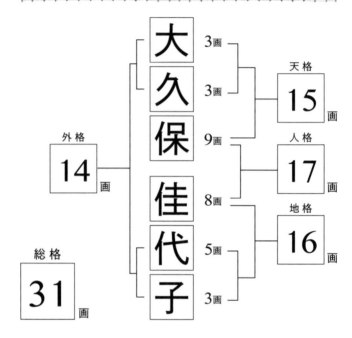

　姓が3文字以上、名前も3文字以上の場合は、姓はいちばん下の1文字とそれより上の2文字以上のブロックに分け、名前はいちばん上の1文字と下の2文字以上の2ブロックに分けて数えます。「大久保佳代子」さんの場合、姓は「大久」と「保」に分けて、名前は「佳」と「代子」に分けて計算します。

STEP3　吉凶をチェック

画数がスーパーウルトラ大吉からスーパーウ
ルトラ大凶までのどこに分類されるのか、130
ページの「画数点数計算表」でチェック

　冒頭で例に出した「菅田将暉」さんの画数を見てみる
と、総格は39画でウルトラ大吉、天格は16画でカリ
スマ大吉、人格は15画でスーパーウルトラ大吉、地格
は23画でスーパーウルトラ大吉、外格は24画でスー
パーウルトラ大吉と見事にすべてよい画数！
（ちなみに菅田将暉さんの本名は「菅生大将（すごうた
いしょう）」さんと明かしています。「菅田将暉」とい
う芸名は、まさに最強ですね)

STEP4　運気をチェック

それぞれのエレメントが表す運気を134ペー
ジからの「画数表」でチェック

　さらに「菅田将暉」さんの場合、総格39画は「活躍運」、
天格16画は「注目運」、人格15画は「人徳運」、地格
23画は「独立運」、外格24画は「創造運」。詳しくは巻

末の「画数表」の解説を読んでいただければわかるように、まさに芸能界で輝くのにぴったりの運気です。

5つのエレメントで自分を知ると これからの対策がわかる!

5つのエレメントは相互に影響しあう関係です。1つでも悪い画数のエレメントが含まれていると、他のエレメントがよくても足を引っ張られてしまいます。そんな人も、プチ改名によって画数を整えれば、流れが大きく変わるはず。

また、すべて悪くない画数だった!という場合でも、もっと仕事運を強めたい、もっと自分をアピールしたいなど、さらになりたい自分を思い描いた画数に変えて、望み通りの人生を引き寄せることもできるのです。

今すぐ改名を考えていないという人も、まずは自分がどんな運気を持っているのか知ってみるとよいでしょう。

思い通りに進まないのは名前が背負った宿命があるのかもしれませんし、よい画数を持っていたら、それを生かすように意識することでさらに好転するはず!

SNSのアカウント名などの
鑑定方法は？

姓と名前に分けられない
ニックネームなどは「総格」のみを見る

　第1章でその人が普段呼ばれているニックネームや、
SNSのアカウント名などの画数も運気に影響してくる
というお話をしました。こういった姓と名前に分かれな
い名前に関しては、全部の文字を足した画数、つまりは
総格のエレメントを調べます。

　会社名やブランド名なども同様。すべて総格のみの画
数を見ていきます。

カタカナの場合

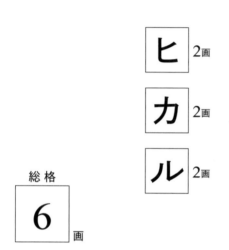

例えば、人気 YouTuber の「ヒカル」さん。この「ヒカル」で画数を計算すると、総格は6画でスーパーウルトラ大吉の「安泰運」になります。

詳しい解説は「画数表」と照らし合わせてください。やっぱり人を惹きつける方はよい画数をもっています。

大文字か小文字かも重要

　SNS ネームやアカウントの場合、アルファベットが
入ってくることが多いと思いますが、その場合は大文字
か小文字かも大切。それによって画数が変わってくるか
らです。

「Z」と「Ｚ」も表記にあわせて調べてください。

　記号やマークにも画数があります。SNS ネームとし
て使われやすい「・」「。」「、」「♪」「☆」などのマーク
は１画、「@」「&」は３画。

　他にもひらがな、カタカナ、アルファベット（大文字・
小文字）、算用数字の画数や記号は "イヴルルド式" で
数えているので、一文字一文字、128 〜 129 ページの「画
数早見表」を必ず確認するようにしてください。

　例えばこちらも大人気 YouTuber の「HIKAKIN」さんは、
アルファベットで大文字表記です。

アルファベットの場合

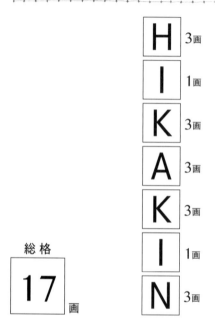

H 3画
I 1画
K 3画
A 3画
K 3画
I 1画
N 3画

総格
17 画

　その画数を数えると、17画でカリスマ大吉の「光輝運」となります。

　このように、画数が数えられたら、姓＋名と同じように　STEP3　STEP4　と進んで画数の運気をチェックしていきます。

調べる名前は「認知度」優先

　第1章でもお伝えしていますが、名前を調べる時には「認知度」が優先です。「日常的に使っている名前の表記」で見ることをお忘れなく。

　戸籍名は「濱野」でも、普段は簡略化して「浜野」という漢字を使っている場合。「浜野」の画数を鑑定します。「真理子」が本名だけれど、普段は「まり子」と書いている。そういう時は「まり子」の運気のほうが強く影響しています。どちらがよいのか比べてみてくださいね。

　また、結婚して姓が変わり、ママ友達とは新しい姓で通っていても、職場では旧姓。そんな人は両方の画数を調べて、それぞれのコミュニティーでの運気を鑑定する必要があります。

姓名判断も時代に合わせてアップデート

「姓名判断の先生に名前をつけてもらったんですよ」というのに、私から見るとよくない画数の名前という方も時々います。これは私の鑑定はオリジナルの画数の数え方をすることや、他の多くの姓名判断の鑑定方法が、旧漢字を使って調べるからです。

　何度も強調していますが、名前は戸籍名ではなく「認知度の高い名前」に宿ります。戸籍の名前で旧漢字を使っていても、普段使っているのが常用漢字ならそれで調べないと意味がありません。そしてさらに、見逃しがちなのが「文字も進化している」ということなのです。

　最近特に注意するべきは、PCやスマホなどのデジタル表記です。例えば「しんにょう」は手書きであれば「一点しんにょう（辶）＝2画」が一般的ですが、PCやスマホなどデジタルで打つと「二点しんにょう（辶）＝3画」になります。

　これまで手書きやファクスなどが普通でしたが、今は

日常の文字のやり取りのほとんどはデジタル化。そうな
ると、「辻」さんは時代に合わせて、手書きが主流時代
の「一点しんにょう（辻）＝4画」から、デジタル表記
時代の「二点しんにょう（辻）＝5画」に変化すること
になり、画数が変わるのです。両方の運気を確認してお
かなければなりません。

　このように時代に合わせて変化した文字は他にもあり、
例えば「Z」は以前は「Ｚ」（3画）と書くことが多かっ
たのですが、今は「Z」がほとんど。そうなると「Z」
は2画に数えることになります。また「J」も昔は上に
横棒が1本入り2画として数えていましたが、PCでは
「J」となるので、今は1画で数えます。

　姓名判断は長い歴史を経ているものですが、時代に合
わせてアップデートは必要。時代遅れのままの鑑定では
「運気がよい名前」のはずが、実は「悪い名前」になっ
てしまった、なんてこともあり得てしまうのです。
　イヴルルド遙華式の姓名判断は「新時代の姓名判断」
として時代とともに画数の変化をとらえ、日々の鑑定か
らもデータを蓄積しています。

運気の種類を知って
自分の武器に

これまでもお話ししたように、名前を構成する画数には単に「よい」、「悪い」だけでなく、その運気が持つ性質や種類があります。

　この種類の運気を把握することで、「お金持ちになりやすい運気」や「無条件で人に好かれやすい運気」など、プラスに働く画数があればそれを武器に、さらなる飛躍を望むことができるのです。

　例えば、13画は大吉の中でも「スター大吉」としてスペシャルな運気をもっています。示すのはトークセンス抜群の「話術運」。話術で人の心を動かすのが非常に得意とされています。（ちなみに「ドラえもん」、「アンパンマン」、「ポケモン」、「しまじろう」、「ウルトラマン」など、子供に人気のキャラクターには、この13画が多いことも挙げられます）。

　あなたの名前に13画を持っているのであれば、営業

職や接客業などが向いているはず。もし違った職業につ
いていても、トーク力を生かせる場面を積極的に引き受
けたり、進んで盛り上げ役に回ったりする意識を持つと、
評価や人気が高まるでしょう。

　あるいは、仕事やプライベートにおいてもトーク力を
磨きたい人は、この13画が入るように画数を調整する
のもおすすめです。（調整の方法は第3章でご説明して
いきます）

　また「結婚したいのに、結婚できない……」という女
性の画数を調べてみると、私の統計では、必ずといって
いいほど入っている画数があります。それが27画と29
画です。

　先日も講演会で「名前に27画と29画が入っている人、
手を挙げてください」と言って、そのまま手を挙げた人
に、1人ずつお話を聞いていったのですが、「早く結婚
したいのに……」と悩んでいる女性ばかりだったのです。

　27画と29画は特殊画数になります。本来ならどちら
もよい画数で、画数が示す運気は「頭脳明晰」。でもそ

れがすぎて、仕事優先になって結婚を望んでいても結婚が遅れてしまったり、自分で何でもテキパキとできてしまうので、介護も子育ても全てひとりで背負うことになってしまったり、彼氏がヒモ化してしまう……なんて例も実は多いのです。

　そんな27画や29画を持つ女性の相談者に「がんばってこられましたよね、たいへんだったでしょう」と語りかけると、「そうなんです！　わかるんですか⁉　画数が背負ってる宿命だったんですね……」とおっしゃる方がほんとうに多いのです。

　これが仕事一筋でバリバリやっていきたい男性だったら、27画や29画は最適なのですが、目指す方向によって同じ画数でも大吉か凶か大きく違ってきてしまいます。

　このように画数が持つ運気を知ることで、長所を伸ばしたり、目指している方向を定めていったりすることができますし、ネックとなっている画数がわかれば、意識を変えてみる。あるいはプチ改名によって画数を調整して、新たな運気を身につけることもできるというわけです。

よい画数から
ピラミッド状に並んでいる！

　もし「私は今のままの人生で満足しているから、姓名判断なんて必要なし」と思っている人がいたら、それは要注意です。

　ここで名前が持つ運勢の概念がどうなっているかを説明しましょう。

　ピラミッドをイメージしてください。名前の画数がよい人ほど頂点から下へ並んでいます。上に行けば行くほど運気がよい最上級の画数の名前でその数は少なくなり、下に行けば行くほど運気が悪くなっています。

こんなことがありました。

　鑑定にいらしたある女性はかなり悪い画数なのに「私、別に不幸じゃないですから」と平然としていました。

　でもよくよく話を聞いてみると「大学入試に合格したのに入学金を払いそびれて入学できなかった」「婚約して1か月で彼が職場の女の子と浮気して去っていった」「家が4回も火事にあった」……。そんな災難だらけの人生を送っているのです。なのに、自分ではひどい人生という自覚なし。

　これはどういうことなのかというと、ピラミッドの下層にいる人は下層の眺めしかわからず、それが当たり前の状態だから、上層の景色を知らずに生きているのです。

　結婚して姓が変わり、旧姓よりよくない画数になったとしましょう。ピラミッドでいうとこれまでよりも下層に配列されてしまいます。「最初はあれ？　なんかうまくいかない……？」と、思うだけかもしれません。でも、時間が過ぎていくにつれて、下層の景色に慣れてしまい、やがてそれが当たり前になってしまうのです。する

と、もっと上へ行きたいという気持ちもなくなってしま
い……。

　あなたは大丈夫ですか？
　心あたりがあったりしませんか？

　自分は名前のピラミッドでどのあたり？ということを
客観的に見られるツールとして、ここでは「姓名判断点
数」の計算方法を紹介します。

あなたの名前は何点？ 姓名判断点数

「姓名判断点数」を導くのは簡単です。先ほど調べた自
分の名前の各エレメントの画数がスーパーウルトラ大吉
からスーパーウルトラ大凶までのどれかを調べます。

巻末の130ページの「画数点数計算表」にしたがって、それらをすべて足し算するだけ。導き出された数字が姓名判断点数です。

例えば「菅田将暉」さんの例でいうと

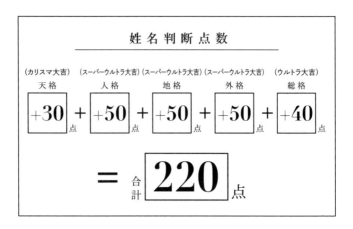

これだけパーフェクトによい画数が揃う名前はめったにありません。さすがです。もう完全にネーミングピラミッドの頂点のポジションですね。

　ちなみに27画と29画の特殊画数を持っている方は、先ほどあげた63ページからの説明もよく読んで、自分の場合は「＋20点の大吉」なのか「－20点の凶」なのか判断して計算してください。

　さて、あなたは何点でしたか？

　巻末131ページの「姓名判断ピラミッド」を指標に、自分の名前はどの階層にあるのか？　チェックしてみてくださいね。

　自分の持つ運気のポジションを認識することで、自分の運勢を客観視できます。悪い階層にいるにもかかわらずその現実に気づかない、なんてことがないように。
　そして、次章から解説するプチ改名やネーミングで、ピラミッドの上層……スペシャルな運気の名前を目指してください。

　自分はもちろん、これを使ってお友達や恋人・家族、仕事で関わる人などの鑑定もぜひしてみましょう。

つきあう人の画数を知って
人間関係改善

第1章でもお伝えしていますが、名前さえわかれば画数を調べられるので、仕事関係やグループ内でのつきあい方、人との接し方でも有効に使えます。

相手の画数の運気を調べておくと
心の準備ができる

例えば9画（禁欲運）、10画（苦労運）、19画（障害運）、20画（薄幸運）といったスーパーウルトラ大凶の画数を名前に持っている人と関わる時は、何かトラブルが起こっても慌てないようにと、心がまえをしておきます。

また私は、22画、26画、28画を持つ名前の人たちと関わる時には、ちょっと気をつけるようにしています。それは、この画数の人たちはよくも悪くも依存したいし、

されたいという運気をもっているから。

　私はどちらかというと、あまりベタベタした人間関係を好まないタイプ。なので、何となく距離感が合わないことが多いのです。

　また14画は誤解されやすい「誤解運」。この画数を名前に持つ人に対して、「すごいムカつく！」と思ったとしても、「そっか、根は悪くないのにこうやって人に嫌われてしまうのかもしれない……」と大きな心で接することができたりもします。

　もちろん画数だけで人を判断はしないですが、不要なトラブルを避けることにもつながりますし、事前に自分に注意喚起しています。

「相手をどう呼ぶか」も
自分の運気に関わってくる

　もし仕事で関わる人の名前が悪い画数だったら、その人にメールを送る時は「姓＋名＋様」なのか、「姓＋さま」なのかなど、よい画数を調べて表記するという方法もあります。

　「自分が相手をどう呼ぶか」も運気に関わってきます。恋人や家族、ペット、友人などを呼んでいる画数が悪いと、その人の運気を下げる呪文を唱えているようなもの。一緒にいる自分にもはねかえってきてしまうのです。
　彼のことを仕事運を下げるような画数で呼んでいれば、彼の仕事がうまく運ばなくなってしまいます。
　また、もし「モテる運気」が宿る画数で彼を呼んでいると、他の女性を引き寄せて浮気された、なんてことも。
　もともと目立ってモテるタイプの彼なら堅実な運気の画数のニックネームで呼ぶとよいかもしれませんね。反対に「もうちょっと見た目に気遣ってよ！」という彼なら、華やかさがある画数のニックネームで呼んであげると、なんだか洗練されてきた、なんてことが起こるかも。

　うまくいっていたカップルなのになぜかギクシャクし始めたという相談を受け、よく聞いてみたら、そのタイミングで彼の呼び方を変えていた、それが悪い画数だった、ということもありました。

　家庭が円満な方に、ご家族同士どう呼び合っているのかを聞くと、やはり全員よい画数ということがほとんどです。ペットを飼っている家では、ペットの呼び名も大切です。家庭内で何回も口にするので、その影響は大きいのです。

　どう呼んでいるか、どう呼ばれているか、自分をとりまく名前を確認してみましょう。

商品、ブランド名
プロジェクト名にもあてはまる

　人気の商品や店名や会社名、ブランド名などの運気を調べてみると、やっぱり……ということがとても多くあります。

　例えば、世界中で市民権を得ているスターバックスコーヒー。このブランドは英語表記もカタカナ表記もよい運気の画数をもっています。

　カタカナの場合は23画の「独立運」。ズバ抜けたビジネスセンスで目標に向かってポリシーを貫く、という意味を持つ画数です。そして英語表記の「Starbucks」は、華やかさで注目を集める16画の「注目運」の画数です。

　この16画は「ルイ・ヴィトン」のカタカナ表記も持っている画数。さらに、英語表記の「LOUIS VUITTON」は、美的センスに優れカリスマ的に人を惹きつける「光輝運」の17画です。

　このようにお店、会社、商品やブランド、プロジェク
トやイベントなどの"名前"にも運気は宿ります。
　自分が関わっていたり、愛情を持っていたりするモノ
やコトの画数を調べてみてください。その運気を知った
らきっと、納得！と感じるはずです。

　ここまでで、今持っている画数の運気はわかりました。
それでは次の章から、さらに運気をアップさせるための
プチ改名の手順をお伝えします。

これから約240年続く「風の時代」に備えて

　時代が切り替わっていく、なんとなくそんな気がしませんか？

　それは、時代の流れを感じとっている証拠です。

　これからどういう時代になっていくのかというと、それはおよそ240年続く「風の時代」。

　具体的には、2020年の12月22日から始まり、すでにゆっくりと切り替わり始めています。

「風の時代」とは、名前の通りビュービューと吹く風のイメージ。「IT」や「AI」など"目に見えないもの"がテーマとなり、キーワードの1つは「レス」です。

　ペーパーレス、ジョブレス、ボーダーレス、ジェンダーレス、エイジレス、キャッシュレス……etc. それまで存在したものが、どんどん「レス化」されていきます。「VR（バーチャル・リアリティー）」という技術も注目されていますが、これからは新しく仮想現実空間を生み出し、人々の生活そのものがそこに移行していくのではないか、ともいわれています。

そうなると、私たち自身は自宅にずっといながら、アバターを使った仮想現実での生活でオシャレを楽しんだり、食事をしたり、恋愛をしたり……。自分自身の実体がレス化される世界がいつかやってくるかもしれません。

　新型コロナウィルスの影響で仕事がリモートワークに切り替わり、打ち合わせはオンラインが当たり前の世の中になりました。在宅勤務が増えていると思いますが、これももうすぐ訪れる「風の時代」の前触れなのかも？　刻々と風の時代へ切り替わる準備が進んでいるように感じます。

　一方これまではどういう時代だったか振り返ると、江戸時代から続いていた「土の時代」です。地層を重ねるようにして、積み重なり、土台を残していくような時代でした。しっかりと学校で机に向かい勉強して学んでいく社会、人間関係においては目上の人を敬うことが重要視されてきた時代……。

　それが「風の時代」に近づくにつれて「学ぶ」よりは「感覚でつかむ」に変わり、人間関係においては年上も年下も関係ない「みんな平等」という風潮に変わりつつあります。昭和生まれの人と令和生まれの人ではだいぶ違った生き方や考え方になっていくでしょう。

　では物心ついてから土の時代を生きてきた私たちは、この変革にどう対処したらいいのでしょう。

第1章で時代の変化に合わせて自分の得意なことをどんどんやって「個」を磨きましょうとお話ししましたが、「風の時代」の到来において生き残るためには、それが欠かせません。"目に見えないもの"がテーマとなる時代では、「自分」をしっかり持っていないと、どこかに飛ばされてしまいます。

　大切なのは「もう一度、自分と向き合うこと」です。自分は何が好きなのか、何が得意なのか、どこを伸ばしていけば今より幸せになれるのか。軸をしっかりと見つけて、自分自身を育て上げ、社会にしっかりと花を咲かせる。そして自分の花粉をビュービューと吹く風にのせて社会にバラまき、あちらこちらでハチミツが作られていく……。
　それは第3章でもお伝えしていく「自分の名前と向き合い、自分の方向性を確認し定める」ことにもつながるのです。

　約240年続く「風に時代」の到来に向けて、この瞬間から準備を始めていただければと思います。

第３章

運命を変える！
プチ改名の手順ガイド

自分の名前の運気やピラミッドでのポジションがわかったところで、続いてはいよいよプチ改名の手順を解説していきます。

まずは表記を変えてみる
アプローチから

例をあげてみましょう。

> 　念願叶って大手エステサロン勤務から独立して自分のサロンを持つことができた「鈴木舞子」さん32才。仕事は楽しいですが、思わぬトラブルが続いたりして、なかなか思うように進まないのが悩み。また今後はYouTubeで自分の美容法などを発信していきたいとも考えています。

13	4	15	3
鈴	木	舞	子

・天格…17画　カリスマ大吉「光輝運」
・人格…19画　スーパーウルトラ大凶「障害運」
・地格…18画　吉「信念運」
・外格…16画　カリスマ大吉「注目運」
・総格…35画　大吉「師匠運」

　全体的に悪くはないようですが、問題なのは仕事運を表す人格の運勢が悪いところ。独立してやっていこうとする鈴木舞子さんからすると、もっとも気にしないといけないエレメントです。しかも、この19画「障害運」はやることなすことに障害が発生してしまう運気。トラブル続き……というのはここが関係しているのかも。

これをまずは

・鈴木まいこ　　　　・鈴木マイ子
・鈴木マイコ　　　　・スズキマイコ
・鈴木まい子　　　　・すずきまいこ

　と、姓と名前でカタカナにしたり、ひらがなにしたりするだけでも、さまざまな画数のパターンが導き出され

ることがわかります。これらを調べていって、自分が気
に入ったものがあったら検討しましょう。

例えば

¹³ ⁴ ² ² ²
鈴　木　マ　イ　コ

にした場合、

天格…（前と変わらず）17画　カリスマ大吉「光輝運」

人格…　19画　スーパーウルトラ大凶「障害運」
　　　　　　↓
　　　　6画　スーパーウルトラ大吉「安泰運」

地格…　18画　吉「信念運」
　　　　　　↓
　　　　6画　スーパーウルトラ大吉「安泰運」

外格…　16画　カリスマ大吉「注目運」
　　　　　　↓
　　　　17画　カリスマ大吉「光輝運」

総格…　35画　大吉「師匠運」
　　　　　　↓
　　　　23画　スーパーウルトラ大吉「独立運」

　スーパーウルトラ大吉、カリスマ大吉と全て、よい画数になったうえ、細かく見ていくと……。

　総格は独立・起業して開花する人が多い23画の「独立運」。そして、もっとも気になっていた人格の「障害運」は、6画の「安泰運」に。

　独立してこれからお店を盛り上げていきたいというだけでなく、YouTubeなどで自ら表に立って美容情報を発信していきたいと思っている鈴木舞子さんにとっては、ぴったりの運気です。

　この場合、声にした時の音は変わりませんから、「鈴木マイコ」の字面が自分にとってピンとくるようであれば、名前をカタカナ表記にするプチ改名のタイミングかもしれません。
「心機一転! 美容業界で絶対に花開いてみせるぞ!」という意気込みで、メールの署名やLINE、SNSネームを変えてみたり。これを機に名刺も全面チェンジしてしまうのもありでしょう。

望んだ画数になるまで妥協しない

前例のように、名前はそのままで表記を変えることで、望んでいる画数を見つけられることもありますが、そうはいかないケースもとても多いものです。

また悪い画数ではないけれど、地味な運気なので、もっと華やかな画数にしたい、なんて、人もいるでしょう。その場合はどういう画数に変えたいのか？　名前のどの場所の画数を変えるのか？……と細かく考えていきます。同じ音の違う漢字をあてはめてみたり、場合によっては本名から離れて探してみたりする必要も出てくるでしょう。

この調整は、まるでパズルです。1文字変えて総格がよくなったとしても、天格、人格、地格、外格、すべてを見ていくと、どれもがよい画数に揃うことはそう簡単ではないのです。

さらに、すべてが吉以上の画数になったとしても、とにかく今勝負をかけたい人が「大器晩成」の画数になっ

てしまうなど、自分のなりたい方向性とズレていては意味がありません。（目指す画数を決める時は巻末の「画数表」と、第4章の「なりたい自分像から考えるおすすめ画数」も参考にしてください）

また画数的にはバッチリだけど、使う文字の字面や音の響きが自分にはしっくりこない、イメージが合わない気がする、など何か引っかかりがあるなら、それを新しい名前として使うのはおすすめできません。画数、文字からの印象、声にした時の音……など、すべてが揃うまでは妥協せずに考えてみましょう。

この後は、見つけ方の具体的な方法を詳しく説明していきます。

なお、この作業を行う時は画数を間違えることがないように、漢和辞典やインターネットなどで確認しながら行うことをおすすめします。ひらがなや、カタカナ、アルファベット、英数字についてはイヴルルド式の数え方をしていますので、128〜129ページの「画数早見表」を参考にしてください。

読みを変えずに
画数を変えたい時は?

[1]
まずはひらがな、カタカナ表記などに変え、総格を調べます。それでよい画数が見つからなかったら、本来の名前の音を変えずに、違う漢字を当てて総格を調べます。

[2]
総格がよかったら、さらに他のエレメントも調べます。この時注意しないといけないのは、1文字でも変えれば他のエレメントにも影響が出ること。総格はよくなったけど、他の部分が悪くなってしまった……とならないように、全体のバランスを見ます。

[3]
目指す画数（第4章や画数表を参照）を先に決めて、合う画数の文字を探していくという方法もあります。

　ここではまず元の名前と同じ読みの漢字からあたって
みましょう。

例)「中村由子」さんの場合

総格 = 19画・スーパーウルトラ大凶「障害運」
「由」を「祐」に変えてみると……

総格 =23画・スーパーウルトラ大吉「独立運」

　他のエレメントはそれぞれ下記の通りです。
天格…11画・ウルトラ大吉「天恵運」から変わらず
人格…12画・大凶「挫折運」→ 16画・カリスマ大吉「注
目運」
地格 =8画・吉「努力運」→ 12画・大凶「挫折運」
外格 =7画・カリスマ大吉「魅力運」から変わらず

　「総格」の運気が上がり、名前の上の文字を変えるこ
とで「人格」の運気もアップしています。
　しかし、その代わり「地格」の運勢が「大凶」になっ
てしまいます……。そうなるとこれは候補から外し、ま
た別の文字をあてはめて考えていきます。

すんなりよい画数を見いだせればよいのですが、仕事運でカリスマ性を身につけたいと、その画数に調整すると恋愛運が悪い画数になってしまう……なんてことも起こります。

　このバランスを調整することが難しいのですが、時には自分にとって、恋愛と仕事の優先順位はどっちが上か？と考える場面も出てくるかもしれません。

　また、やっとよい画数を見つけた！と思っても、「この名前でやっていくってちょっと……」と、音の響きや使われている文字の印象が納得いかなかったりすることもあるでしょう。

　いくら運気がよくても、違和感があるままの名前を使っていては開運も何もありません。

　すべてを整えていくことはかなり難しいのですが、ずっとつきあっていくあなたの名前、ここは妥協しないで探し続けましょう！

※ちなみに「天格」は家系に課せられた運気を表していますが、その人の全体的な運気に及ぼす影響は５つの格（エレメント）の中ではそれほど大きくないとされています。

本名とは別の名前にしたい！
ゼロから考える"新規ネーミング"

　名前の読みを変えずに表記を変えるだけで全ての画数を整えるのは無理そう、または副業をするのに本名とは別の名前にしたい、今の自分とはまた違った自分になってみたい……など、本名とはまったく別の名前を考えようという人もいるかもしれません。でも何もないところから考えるとなると、漠然としすぎて思いつかない、なんて声もききます。

　そんな時は"目的"から考えてみましょう。何のために新しい名前を考えるのか？　自分がこれから進みたい方向や自分のなりたいイメージなどから練っていきましょう。

　例えば、これから経営コンサルタントとして独立しようという人が、奇抜なキラキラネームにしたいと相談してきたら、「もうちょっと考えてみては」とアドバイス

をするでしょう。

　なぜなら、これがパフォーマーやダンサーだったら、ありかもしれません。名前のインパクトでグッと惹きつけるということもありますから。でも経営コンサルタントという信頼感を必要とする職業には、ちょっと合わない印象ですよね……？
「その職業のイメージにふさわしい名前」ということもすごく大切なのです。

　そして、もう１つ。「自分のめざすキャラクターに合うかどうか」もとても重要です。

　例えば、「キララです！」と自己紹介をされたけれど、すごく地味な雰囲気の女性だったら、ちょっと違和感がありませんか。新たに違う自分としてやっていきたい、というなら別ですが、自分の顔立ちや雰囲気やファッションの好み……、それらを一つ一つ棚卸ししてみるのも新しい名前を考える時のポイントになります。

　何のために新しい名前を考えるのか？　仕事で成功したい、婚活したい、新しい活動を始めたい……。

　など目的をはっきりとさせ、その方向性に "ふさわしそうな名前" ということを1つの軸にして考えてみるのはどうでしょう。

　自分のイメージをしっかり客観視しながら考える、つまりはしっかり自分と向き合うことが重要なのです。

　これは、SNSのアカウント名や会社やお店やブランド名、そしてペットの名前などにもいえること。

　どういう目的で名前をつけるのか?

　その名前をつける人やモノに進んでほしい方向やイメージを意識してつけるようにしてください。

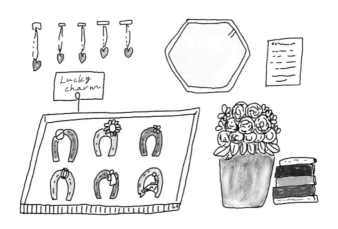

「姓+名前」or「名前だけ」の使い分け

新しい名前をつける時、「姓＋名前」のフルネームにするのか？　それとも下の「名前だけ」、またはニックネームをつけるのか……で悩まれる方がいます。

ここではその違いについて解説しておきます。

YouTuberやInstagramerなど、SNSで人気を集めやすく、旬な人になりやすいのは下の名前だけ、あるいはニックネームです。これから訪れる「風の時代」にふさわしく、自分の発信を軽やかに広げることができます。

しかし、リアルな場で仕事をしていく、例えばエステティシャンをやっていきたい、となったら強いのはフルネームです。軽やかさではなく、安定感があり持続性を感じさせるのが特徴。ビジネスでずっと残る人になりたいのであれば姓＋名前のフルネームをおすすめします。

TikToker（ティックトッカー）を目指すなら、「ねお」

や「ゆな」みたいな軽さのある名前がベストです。しかし、そこから成長して会社を作ってビジネス化していくのであれば、フルネームのビジネスネームをつける必要があると思います。

　俳優の「真剣佑」さんが、「新田真剣佑」さんに改名したり、「瑛太」さんが「永山瑛太」さんに改名したり、「健太郎」さんが「伊藤健太郎」さんにするなど芸名にも姓を加える人が増えていますが、ここから得る印象は〝地に足をつける〟です。

　例えば俳優の「井浦新」さんはもともと「ARATA」で活動していたものの、「井浦新」へ改名。そのきっかけは、主演映画で三島由紀夫を演じ、エンドロールで主演俳優としてアルファベットが流れることに違和感を感じたからと明らかにしています。また女優の「美村里江」さんも「ミムラ」から変えた理由の1つとして、NHK大河ドラマへの出演をきっかけに「役名・出演者一覧を見て本来の日本名の大切さ」をあげています。
　俳優という仕事へのリスペクトとプロ意識からの改名……名前がその人自身の決意を表していることがよくわ

かります。

　こういった事例からも、姓と名前という形は、下の名前だけやニックネームと比べると重みがあり、周囲への存在感をしっかり示すことに向いているとよくわかります。

　さらに心に留めておいてほしいのが、「お守りの数」です。

　下の名前やニックネームの場合、総格だけになるので、よい画数にしたとしても "お守り" は１つです。
　しかし、それがフルネームになると、総格の他に天格、人格、地格、外格と４つのエレメントが加わるので、よい画数に揃えれば "お守り" が５つになります。
　その場面での目的やなりたい自分の姿によって、フルネームがよいのか、下の名前・ニックネームがよいのかも考えてみてくださいね。

その名前で
美容室の予約ができますか?

　新規ネーミングを考える時に、指標としてほしいのが、その名前を日常シーンで、恥ずかしくなく使えますか? ということ。

　大人の女性に意外と多いのが、昔からの憧れだったのか、宝塚歌劇団の芸名のようなきらびやかな名前や、いわゆるキラキラネームなどをつけたいと言われる方。

　そういったキラキラネームにしたいという方に「その新しい名前で例えば美容室の予約をとれますか?」とたずねると、「いやいや、それは恥ずかしいから名前はこっそり使います」というお返事が多いのです。

　でも、それでは全く意味がありません。名前はとことん使って認知してもらうことが大切。つけたはいいけれどこっそり使う……では効果がないので、みんなに知ってもらい呼んでもらえる名前にすることでパワーが生かされてくるのです。

今さら名前を調べるのがこわい……
はもったいない

「もっと早くイヴルルドさんの姓名判断を知っていれば
よかった。つけてしまった子供の名前を、今さら調べる
のがこわいです……」という方もいらっしゃいます。

　しかし、こわいのはその名前がよいのか悪いのかを、
"知らない"ことだと思うのです。

「うちの子、小学校で友達とのトラブルが多いかも
……」と心当たりがあるなら、まずはちゃんと名前を調
べてみることをおすすめします。

　例えば、よかれと思ってやったことが裏目に出たり、
悪気なく発したひとことで周囲の反感を買ったりしやす
い14画や、他人との距離をうまくとれず、人と話すこ
とが苦手になりがちな4画。この画数が入っていると、
本人に問題がないのになぜかいじめられたり、仲間外れ
にされてしまったりすることがあります。

　子供の名前をすぐ変えることは難しくても、そんな傾向があるのかもしれないと子供の発言や行動により注意を傾けることもできるでしょう。

　また運気のいい呼び名で呼んであげるなど、知っていればよい方向に進むための対策を考えられます。名前を調べて心構えすることで、トラブルを未然に防ぐことができるかもしれません。

　姓名判断は "知ること" から始まります。

　知らないことには、何も手立てを考えられません。もう名前を変えられないから知りたくない、ではなく、開運の第一歩はまず知ることからです。それを、ぜひ心に留めておいていただければと思います。

プチ改名は他人任せでは意味なし

　ぴったりの名前がそう簡単に見つからないのは、ご自分でプチ改名の作業をしてみるとよくわかると思います。

それなら、「あなたの名前はコレよ！」と、鑑定師に選んでもらったほうがラクだしご利益ありそう……。なんて思う方もいるかもしれません。

　しかし、私は違います。
　鑑定の時も、相談者の方が考えた候補の名前をみてアドバイスをしますが、「この名前がいいですよ」と私から決めつけて提示することはありません。あくまでその方自身に考えてもらい、それに対してアドバイスするというスタイルをモットーとしています。

　なぜかというと、前出のコラムでも書きましたが、新しい名前は自分で決めることにとても大きな意味がある、と自分の経験からも実感したから。
　あなたの人生、他人任せでいいんですか？ということなんです。「よい名前が見つからないのでつけてください」と頼ってくるのは、どこか他人ごとで、まだ覚悟や準備が整っていないのではないでしょうか。

　自分がどんな運気を身につけたいのか、その名前で活動するにあたりどういうものを得てどうなりたいのか、ど

んなポジションでどんな成功を収めたいのか、周囲から
はどう見られたいのか、どんな家庭を築き上げたいのか
……目指すものを明確にする必要が出てきます。

　ネーミングの作業というのは、自分の人生のモチベーショ
ンが浮き彫りになるといっても過言ではありません。

　プチ改名は、「本書と自分だけでできる」という意味で
は手軽です。しかし、だからといって軽いものではありま
せん。
　自分が目指す画数がすぐに見つかることもあるかもし
れませんし、人によっては"自分と向き合う時間"が必要
なので、ものすごく時間がかかることもあるでしょう。
　でも、それを経て出合った名前だからこそ、大きな意
味を持つものになるのです。

　よく芸能人が改名してからブレイクするケースがあり
ます。それはその名前で活動していくにあたり、どうな
りたいか？　どういうイメージで売っていくのか？など、
方向性を定めターゲットを明確にして覚悟を決めた結果
の成功例ではないかと私は思っています。

あの人も☆改名して ブレイクした芸能人

中村 友也 ⟶ 中村倫也

24画　創造運
スーパーウルトラ大吉

感受性が豊かでクリエイティブな才能に富んだ画数。総格が24画の場合、生涯幸運の光が当たり続けます。俳優という職業にもぴったりの画数です。

太賀 ⟶ 仲野太賀

33画　大志運
ウルトラ大吉

さまざまなチャンスに恵まれるという画数。総格が33画の人はいつまでも若い心をもち、年を重ねても若い印象を与えます。

真剣佑 ⟶ 新田真剣佑

45画　達成運
ウルトラ大吉

行動力もあり、なんでも有言実行するタイプの達成運。その意志の強さは顔立ちに表れている？　また成功者の道を進む総格数でもあります。

EITA ⟶ 瑛太 ⟶ 永山瑛太

24画　創造運
スーパーウルトラ大吉

苦労運だった"EITA"時代から、注目運をもつ"瑛太"の名でブレイク。さらには創造性に飛んだ"永山瑛太"で俳優としてその地位を高めていく様子が見て取れます。

けやき坂46 ⟶ 日向坂46

21画　責任運
大吉

高い目標を掲げて、それに向かってコツコツと努力する画数。人間関係に恵まれる運勢を持っているので、チームワークの運勢はよい方向に進んでいる？

第4章

なりたい運勢になれる!
ターゲット別のコツ

プチ改名や新規ネーミングで
とっても大切な 5 箇条

これまでにお伝えしている内容も含めてまとめました。
再度確認してくださいね。

1 日常で使っている名前が大切

本書の姓名判断は、「名前の認知度」が優先されます。普段使っている名前、そのコミュニティーで通用している名前で調べましょう。

2 発音した時の響きもチェック

名前はその発音した時の音も重要です。心地よい響きかどうか、これも大切なので音読して確認するようにしましょう。画数がよい有名人の名前は、使っている漢字に個性があっても、改めてその名前を声に出してみるとスラッと言いやすい響きばかりです。「菅田将暉（すだまさき）」さん、「戸田恵梨香（とだえりか）」さん（ともに 39 画ウルトラ大吉）……etc.

3

ネガティブな文字は入れない

視覚のイメージでも運勢は左右されてしまうので、「悪」「死」などのネガティブな文字は名前に使わないようにしましょう。

4

無理な当て字はおすすめしません

SNSのアカウント名や、会社の名前、ブランド名には漢字、アルファベット、数字などを組み合わせて個性を発揮してもよいですが、日常使う人名にはおすすめできません。

無理な当て字や画数が足りないからと、漢字に「、」を加えてオリジナルの文字を作ったりすることもNG。（「志」に「゛」をつけて「志゛」＝「じ」と読ませるなど）
人名は、あくまでも誰もが問題なく認識でき、読みやすく、書きやすいものにしましょう。

5

なりたいイメージ重視

画数がよいか悪いかだけでなく、自分はどんなイメージなのか？　どんな自分になりたいのか？　それにふさわしい運気の画数を探しましょう。

なりたい自分像から考える
おすすめ画数

　お伝えしてきたように、吉凶だけの判断ではなく、なりたい運気を調べてターゲットを定め、画数を決めていく、という方法もあります。

　自分がなりたいイメージというのは人それぞれあるもの。個性的なキャラクターで注目されたい、いずれは独立したい、異性からモテたい……などなど。

　ここではそんな自分の理想像に近づくために、引き寄せたい運気別におすすめの画数を紹介していきます。

　総格だけではなく、5つのエレメントのうちどこかに入っているのでもよいのです。プチ改名や新規ネーミングの際にお役立てくださいね。

　ただ漠然と「よい画数にしたい」というよりも、どんな運勢になりたいのか、より明確に方向性が定められたら、願いは叶いやすくなります。

6画・15画 31画 すべての人におすすめ！ 何をやってもうまくいく人になりたい

　すべての人におすすめできる万能画数がこの3つ。

　中でも特に効果を実感できそうなのは、「何をやってもうまくいかない」もしくは「現状に行き詰まりを感じている」という方たち。これらの画数をプチ改名や新規ネーミングの際にとりいれると、今まではいくら努力してもまったく評価されなかったのに、周囲から賞賛を浴びるようになったりするのです。

　すると、さらに心に余裕ができて、これまで出しきれていなかった本来の自分らしさが引き立つようになり、その相乗効果から、何もかもがおもしろいくらい好調にまわり始めるでしょう。

　中でも6画は、思わぬところからチャンスが舞い込んでくる大吉数。この画数を持つ人は、ジャンルに関係なく多方面で活躍する人が多いのが特徴です。

8画 / 18画　困難に負けない 根気強さがある人になりたい

すぐに諦めてしまったり、考えがコロコロ変わって落ち着かなかったり、そんな自分がイヤ。もっと強さのある人間になりたいと思っている人におすすめです。

この画数を持つ人は、とにかく粘り強い精神の持ち主。ちょっとやそっとの障害やトラブルにはビクともしません。むしろ、そんな逆境が訪れた時ほどやる気に火がつき、周囲をあっと驚かせる強い精神力を発揮します。

彼が転職ばかりしていたり、仕事がどうしても長続きしないという人は、彼の呼び名をこの画数にしてみるのもよいでしょう。

8画と18画は下積み時代を経て、花開いた人たちやお笑い芸人さんにも多い画数です。ダウンタウンの浜田雅功さんは人格にこの画数を持っています。

24画 / 31画　お金持ちになりたい

金運に関しては24画と31画の2つがおすすめ。

　まず24画は、持ち前のクリエイティビティーを生か
して、ゼロからお金を生み出すことができる画数。秋元
康さんもこの画数です。

　また31画は、お金の流れがよくなっていく運気を持
ちます。古くから「金は天下のまわりもの」といいます
が、まさに、お金を使えばまた入ってくる、という循環
に乗りながら、どんどん富が潤っていくのです。

　そして、貯め込むのではなく、かけるべきところにき
ちんとお金をかけることで、さらに期待以上のリターン
を得られます。

13画　好感度が抜群の人になりたい

　「周囲からの好感度を上げたい」人におすすめの画数。
「スター大吉」の13画を持つ人は、とにかく話術に長
けています。場の空気を読んだうえでの絶妙なトーク力
が人気を得て、チャンスもつかみやすくなるのです。

　トークセンスというのは、場に笑いを誘って盛り上げ
るということだけにとどまりません。

　説得力のあるスピーチで人々を納得させたり、場の空

気をさりげなく読んで、周囲を和ませるようなコメント
をしたり。また、相手の心を適切にとらえて、思いやり
のある温かいひとことを発することができたり……など、
言葉を巧みに使いながら素敵なコミュニケーションを難
なくとることができる能力を持ち合わせています。

　そんなセンスを身につけているならば、自ずと誰から
も好感を得やすい人になれるでしょう。

　その代表例といえば、明石家さんまさん、ダウンタウ
ンの松本人志さん。そして中居正広さんもそうなのです。
この方たちの絶大なるトーク力に関しては、語るまでも
ありません。

　また好感度が重要視されるテレビCMやドラマ、映
画などに引っ張りだこの有村架純さん、非モテなキャラ
クターを芸風にしながらも、好感度が高い芸人として知
られている南海キャンディーズの山里亮太さん。蒼井優
さんと電撃結婚してさらにその好感度をアップさせま
したが、このお相手の蒼井優さんも13画の持ち主です。
これまでにないくらいの好感度カップルですね。

16画　個性的なキャラクターを持つ人になりたい

「もっと個性を発揮したい」、「キャラクターをたてたい」と思っている人におすすめなのが、16画。

根っからの目立ちたがり屋に多い画数とされているのですが、なかには周囲からの応援やあたたかい期待に応える形で、唯一無二の個性的なキャラクターが作られていくタイプの人もいます。強烈な個性を持ちながらもどこか親しみやすさがあるのが特徴です。

これまで、みんなの中にいても基本的には目立たない存在だった、もっと自分に注目を集めたい……という人はこの画数を取り入れることで、他からの評価や注目度が変わってくるかもしれません。

16画を持つ著名人は、元大阪市長の橋下徹さん、経営者の堀江貴文さん、シンガーソングライターの米津玄師さんなどがあげられます。

17画　周囲をハッとさせる カリスマ性がある人になりたい

　周囲をハッとさせるような華やかなオーラを持った人になりたいなら、ぜひ「カリスマ大吉」の17画を取り入れてみてください。

　この画数は、美的センスに優れている人が多く持ち、ビューティー業界のカリスマにも集中しているのが特徴。君島十和子さんや、美容ジャーナリストの齋藤薫さんがこの画数を持っています。人を惹きつけるようなさまざまな才能が内面から開花するといわれています。

　圧倒的な存在感の木村拓哉さんもそうですし、ユーモアと独自の世界観が十分に発揮されている Instagram が国内ナンバーワンのフォロワー数を持ち、ワールドワイドにはばたいている渡辺直美さんもこの画数の持ち主です。

23画・24画 31画　起業やフリーランスなど 個人で仕事をしたい

　起業したい、フリーランスで独立したい、副業で趣味

をお金にしたいなど、自力でビジネスを行いたい人におすすめなのが、23画と24画と31画。

　独立して起業するには、目標を達成するための強靭なエネルギーが必要です。それをサポートしてくれるのが23画。一代で財を成す人が多いといわれていてソフトバンクの孫正義さんもこの画数。

　24画は何もないところからアイディアを生み出す力に富んでいて、プロデューサーの秋元康さんがこの画数。

　31画は周囲の環境にも恵まれ、大きな成功をつかみ、お金を生み出しやすい体質。『ONE PIECE』の漫画家尾田 栄一郎さんや指原莉乃さんもそうです。

15画 24画 クリエイティブな仕事がしたい

　独自のセンスを発揮することで成功をつかみやすいとされているのが、15画。この画数を持つ代表的な人は、映画監督や脚本家、演出家と幅広く活躍する三谷幸喜さんや、『SLAM DUNK』などの漫画家・井上雄彦さんがあげられます。

24画はイマジネーションを働かせて、それを形にしていくことを得意とする人たちが多く、映画監督として世界で活躍する北野武さんや漫画家・浦沢直樹さん、RADWIMPSのボーカルであり作詞・作曲なども手がける野田洋次郎さんが持っています。

| 7画 | 婚活中で早く結婚がしたい |
| 17画 | 恋愛をうまくいかせたい |

　恋愛運や結婚運において大切なのは、人を惹きつける魅力。フェロモン画数とよばれるくらい異性を惹きつけやすいのが7画と17画。婚活中の人や、いつも恋愛がうまくいかないという人にはおすすめです。

　ルックスや性格が特別秀でているわけでもないのに、なぜかモテモテの人……周囲にいませんか？　調べてみるとそんな方にも多い画数なのです。

　もちろん正統派の美人に多く見られる画数で、モデルのヨンアさんや宮沢りえさんもそうです。鈴木おさむさんと交際0日で電撃結婚をした大島美幸さんもこの画数を持っています。

35画 38画 スペシャリストとしての道で成功したい

　1つの道をとことん極めたい人におすすめの画数。

　研究職や技術職で活躍している人に多く、自分の決めた道をコツコツと進んでいくタイプの人をイメージしてください。真摯で一筋に向かっていく姿は、誰からも自然と尊敬、信頼され、優能な部下や後輩に、いつの間にか囲まれていることも多いでしょう。

　35画を持っている代表的な著名人は、映画監督の故・黒澤明さんや作家の村上春樹さん、アニメーション監督の新海誠さん。

　38画はアニメクリエーターの宮崎駿さん、漫画家の荒木飛呂彦さん、ノーベル物理学賞受賞者の故・湯川秀樹さんがそうです。

41画 自分の実力を認められる人になりたい

　努力が周囲からきちんと評価されるのが、名実運とい

われる 41 画です。

　実力者として社会にきちんと認められている、そんな人を目指したいのであれば、この画数がおすすめです。

　本人が持つ力を底上げし、自分も周りも納得がいく結果を得やすいので、"周囲が一目置くような人"になれる運気を引き寄せることができます。

　この画数を持つ著名人は、オンラインサロンを運営したり絵本作家としても成功を収め、ビジネス業界でも注目を集めているお笑い芸人の西野亮廣さん。また、女優の篠原涼子さんがあげられます。

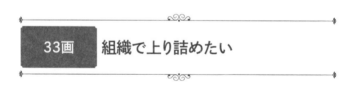

33画　組織で上り詰めたい

　33画は会社などの組織で、上司からも、部下からも好かれやすい運気を持つ画数です。

　上司から目をかけられ引き立ててもらえるだけでなく、部下からの信頼が厚く、上からも下からも協力を得やすいことも特徴です。社内政治にも長けて、会社という組

織で上り詰めることができるでしょう。

33画は特にビジネスシーンで力を発揮します。

32画　他人への思いやりを持ちたい

世の中のために役立つことをしたい、人のために役立ちたい。そんな情熱をかかげる人に見られる32画です。

姓名判断では、生まれながらに徳を持っているような、そんな心の豊かさに恵まれる画数があります。32画の人は自己実現を超えた高い理想や志をもっている特性があるのです。

自分のことだけでなく、他者や世の中のことを考えることができる人、そんな人は結果、周囲からのサポートを得られ、豊かな充実した人生が送れるのです。

7画・13画 16画・17画 ズバリ！これからの時代に おすすめの画数は?

　これからの時代に向けて、名前をうまく使い分けていきたいという人におすすめなのが、この章でもたびたび登場する「カリスマ大吉」の7画、16画、17画と「スター大吉」の13画。これらはひとことでいうと「周囲から注目される」画数です。

　コラムでもお伝えしている通り、自分の存在を強くしていかないと生き残っていけない時代が訪れようとしています。

　そこで埋もれてしまわないという意味でも助けになってくれる心強い画数です。

　トークセンスやカリスマ性を備えているので、周囲から注目を集めることができ、成長・発展がしやすくなるのです。

　これからの時代を生きていくお守りとして、1つでも自分の名前のどこかのエレメントに入っていると安心です。

文字数別！

セルフ鑑定
マニュアル

セルフ鑑定マニュアルの使い方

この「セルフ鑑定マニュアル」は、自分で名前を鑑定しやすくするためのツールをまとめたもの。詳しくは第2章で説明しています。

1. セルフ鑑定シート（119〜127ページ）

まずは該当する文字数のシートに自分の名前、または調べる人の名前を記入します。シートに名前を記入したら、それぞれの文字の画数を書き込みます。繰り返し使えるようにコピーして使っても。

2. 画数早見表（128〜129ページ）

漢字の画数はネットや漢和辞典で調べ、ひらがな、カタカナ、アルファベット（大文字と小文字）、算用数字、その他の記号の画数に関してはオリジナルの数え方なので、こちらの早見表を参照ください。

3. 画数点数計算表（130ページ）

セルフ鑑定シートの通りに各エレメント（天格、人格、地格、外格、総格）の画数を計算。「画数点数計算表」でそれぞれの画数の吉凶をチェックします。点数も調べて、セルフ鑑定シートの「姓名判断点数」にそって計算します。

4. 姓名判断ピラミッド（131ページ）

「姓名判断点数」を計算したら、「姓名判断ピラミッド」にて、その点数はどの位置なのか確認しましょう。

5. 画数が示す吉凶（132〜133ページ）

各エレメントが表す、スーパーウルトラ大吉からスーパーウルトラ大凶までの吉凶についてはこちらで確認してください。

6. 画数表（134〜173ページ）

「画数表」で画数ごとの運気を確認します。総格だけでなく、それ以外のエレメント（天格、人格、地格、外格）のそれぞれが表す運気についても見ていきましょう。

姓2文字　名前2文字

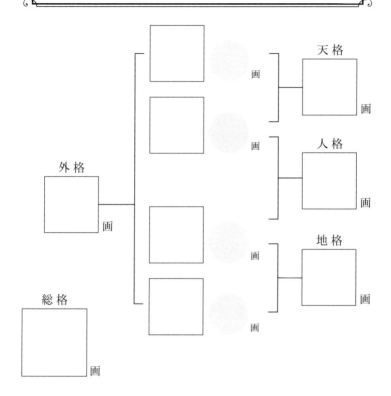

天格

人格

地格

外格

総格

画

姓 名 判 断 点 数

天 格		人 格		地 格		外 格		総 格
	+		+		+		+	
点		点		点		点		点

= 合計 　点

画数点数計算表をチェック!

姓2文字　名前1文字

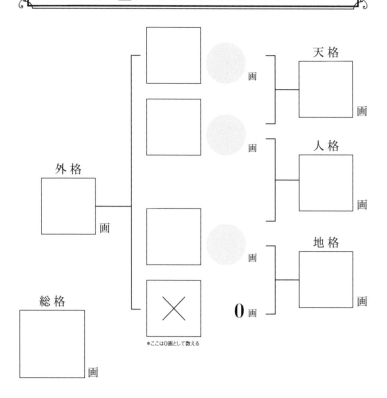

天格

画

人格

画

地格

画

外格

画

総格

画

0画

*ここは0画として数える

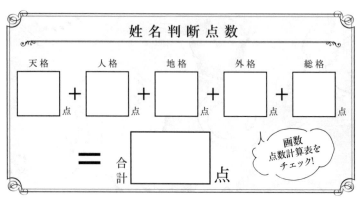

姓 名 判 断 点 数

天格	人格	地格	外格	総格
点	点	点	点	点

＝ 合計 　　　点

画数
点数計算表を
チェック!

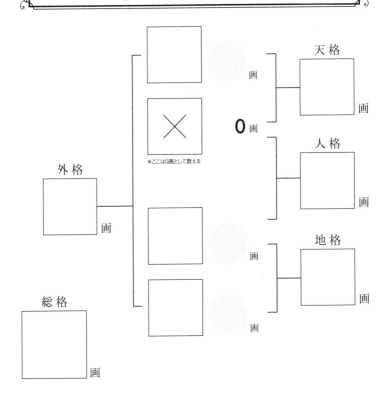

天格

人格

地格

外格

総格

0 画

画

*ここは0画として数える

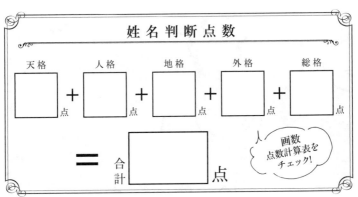

姓 名 判 断 点 数

天格 ＋ 人格 ＋ 地格 ＋ 外格 ＋ 総格
点　　　点　　　点　　　点　　　点

＝ 合計 　　　点

画数
点数計算表を
チェック！

姓1文字　名前1文字

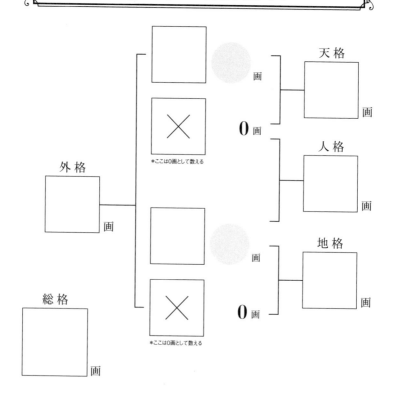

*ここは0画として数える

天　格

画

0 画

人　格

画

地　格

画

0 画

外　格

画

総　格

画

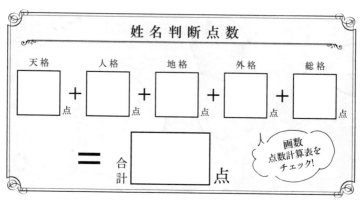

姓 名 判 断 点 数

天　格

点

＋

人　格

点

＋

地　格

点

＋

外　格

点

＋

総　格

点

＝

合計

点

画数
点数計算表を
チェック!

姓3文字以上　名前1文字

*姓が3文字以上の場合は姓の一番下の一文字とその他の文字の2ブロックに分けて数える

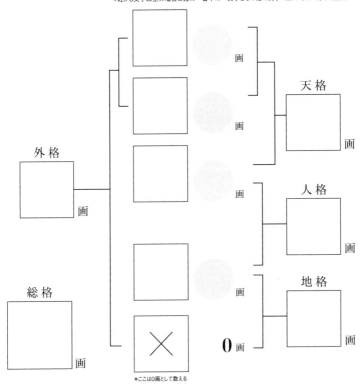

*ここは0画として数える

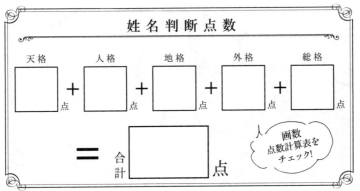

123

姓1文字　名前3文字以上

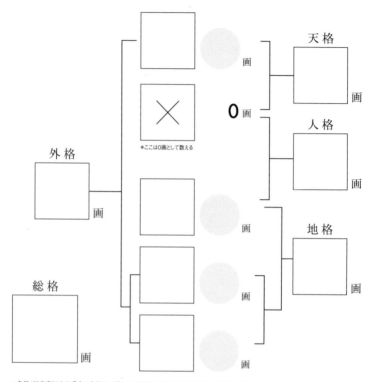

天 格

画

人 格

画

地 格

画

0 画

画

画

画

画

外 格

画

総 格

画

*ここは0画として数える

*名前が3文字以上の場合は名前の一番上の1文字とその他の文字の2ブロックに分けて数える

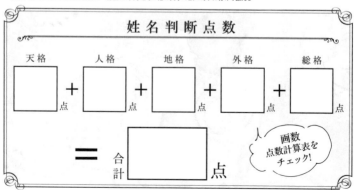

姓 名 判 断 点 数

天 格	人 格	地 格	外 格	総 格
点	点	点	点	点

＝ 合計 点

人

画数
点数計算表を
チェック！

姓2文字　名前3文字以上

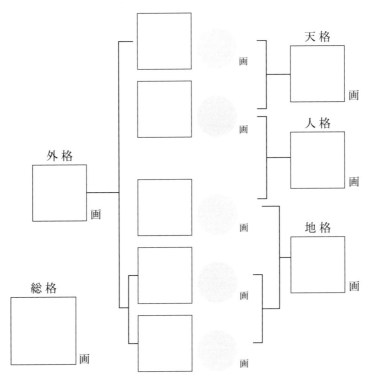

天格

　　画

人格

　　画

地格

　　画

外格

　　画

総格

　　画

*名前が3文字以上の場合は名前の一番上の1文字とその他の文字の2ブロックに分けて数える

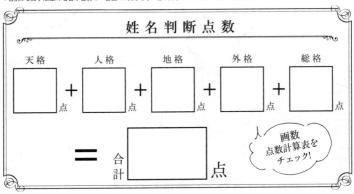

姓名判断点数

天格		人格		地格		外格		総格
点	+	点	+	点	+	点	+	点

＝ 合計 　　点

画数
点数計算表を
チェック!

125

姓3文字以上　名前2文字

＊姓が3文字以上の場合は姓の一番下の一文字とその他の文字の2ブロックに分けて数える

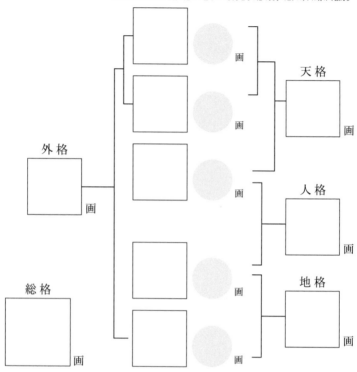

天 格

人 格

地 格

外 格　画

総 格　画

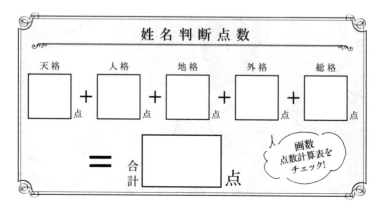

姓 名 判 断 点 数

天 格		人 格		地 格		外 格		総 格
点	＋	点	＋	点	＋	点	＋	点

＝　合計　　　点

画数
点数計算表を
チェック！

姓3文字以上　名前3文字以上

*姓が3文字以上の場合は姓の一番下の一文字とその他の文字の2ブロックに分けて数える

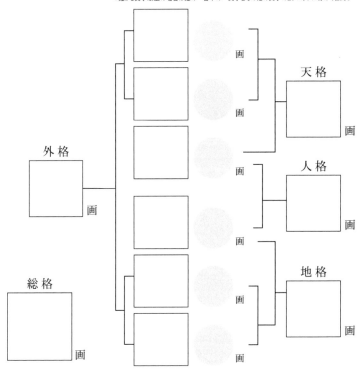

*名前が3文字以上の場合は名前の一番上の1文字とその他の文字の2ブロックに分けて数える

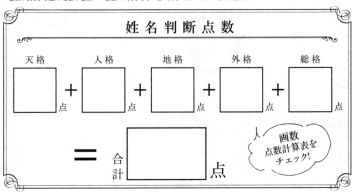

127

画数早見表

*本書では統計学から編み出したイヴルルド式オリジナルの画数を使用しています。

ひらがな

あ	い	う	え	お	か	き	く	け	こ
3	2	2	3	4	3	4	1	3	2

さ	し	す	せ	そ	た	ち	つ	て	と
3	1	3	3	4	4	3	1	2	2

な	に	ぬ	ね	の	は	ひ	ふ	へ	ほ
5	3	4	4	2	4	2	4	1	5

ま	み	む	め	も	や	ゆ	よ		
4	3	4	3	3	3	3	3		

ら	り	る	れ	ろ	わ	を	ん		
3	2	4	3	3	3	4	1		

カタカナ

ア	イ	ウ	エ	オ	カ	キ	ク	ケ	コ
2	2	3	3	3	2	3	2	3	2

サ	シ	ス	セ	ソ	タ	チ	ツ	テ	ト
3	3	2	2	2	3	3	3	3	2

ナ	ニ	ヌ	ネ	ノ	ハ	ヒ	フ	ヘ	ホ
2	2	2	4	1	2	2	1	1	4

マ	ミ	ム	メ	モ	ヤ	ユ	ヨ		
2	3	2	2	3	2	2	3		

ラ	リ	ル	レ	ロ	ワ	ヲ	ン
2	2	2	1	3	2	2	2

アルファベット（大文字）

A	B	C	D	E	F	G	H	I
3	3	3	2	4	3	3	3	1

J	J	K	L	M	N	O	P	Q	R
1	2	3	1	4	3	1	2	2	3

S	T	U	V	W	X	Y	Z	Ƶ
1	2	1	2	4	2	3	2	3

アルファベット（小文字）

a	b	c	d	e	f	g	h	i
2	2	1	2	2	2	2	2	2

j	k	l	m	n	o	p	q	r
2	3	1	3	2	1	2	2	2

s	t	u	v	w	x	y	z	ƶ
1	2	2	2	4	2	2	2	3

算用数字

1	2	3	4	5	6	7	8	9	0
1	2	2	2	3	2	2	2	2	1

その他

| ° ー は1画　　　〃 ！ は2画 |
| ・ 。、♪ ☆ などのマークは1画　　　@ & は3画 |

＊「辻」or「辻」、「高」or「髙」などは、デジタル上の表記で変わるので、どちらを使うか確認して調べましょう。

画数点数計算表

(画)

画数	運勢	点数
6、15、23、24、31、47、63	スーパーウルトラ大吉	＋50点
11、32、33、37、39、41、45、48	ウルトラ大吉	＋40点
7、16、17	カリスマ大吉	＋30点
13	スター大吉	＋30点
3、5、21、35、38、52、61、65、67、68	大吉	＋20点
1、8、18、53	吉	＋10点
57、58、71、73、75、77、78	半吉	0点
30、40、49、50	半凶	－10点
14、22、25、26、28、51、72、74	凶	－20点
2、4、12、36、54、55、56、59、60、62、64、66、69、70、76、79、80	大凶	－30点
34、42、43、44、46	ウルトラ大凶	－40点
9、10、19、20	スーパーウルトラ大凶	－50点
27、29（特殊画数）	大吉	＋20点
	凶	－20点

※特殊画数については 63 ページをご参照くださいね。

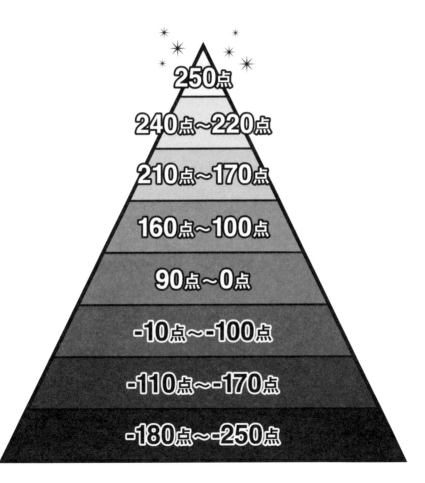

姓名判断ピラミッド

250点

240点〜220点

210点〜170点

160点〜100点

90点〜0点

-10点〜-100点

-110点〜-170点

-180点〜-250点

画数が示す吉凶

画数はよいものから、スーパーウルトラ大吉、ウルトラ大吉、カリスマ大吉・スター大吉、大吉、吉、半吉、半凶、凶、大凶、ウルトラ大凶、スーパーウルトラ大凶に分けられます。

スーパーウルトラ大吉

80画のうち、7個しかない最強の運気を持つ画数。この画数を持つ人は、人生がトントン拍子にうまくいくはず。もしこの画数が名前に入っていれば強力なお守りを持っているようなもの。無敵です。

ウルトラ大吉

この画数を持つ人は独立心が旺盛で、事業を起こしたり、会社に属さず自分で仕事をしたりすることが向いています。多くのチャンスに恵まれ、紆余曲折がありながらも 最終的には成功をつかみます。

カリスマ大吉、スター大吉

3個のみのカリスマ大吉は美意識も高く、人の目を惹きつけ自然と目立ってしまう存在。また、もっとも希少な1個だけのスター大吉は、話術の天才。好感度も抜群です。

大吉

人との関係がポイントとなる運気です。ピンチな状態に陥っても、最後の最後に誰かに助けられることが多いのも特徴。日頃から周囲への感謝を忘れずに努力を重ねていると、運気を高めやすいでしょう。

吉

大器晩成型な人が持つことが多い画数。日々の努力や積み重ねがポイントになります。他に影響を受けやすいため、バランスが重要。他

のエレメントの画数がよいか悪いかでも運気が左右されます。

半吉

周囲に振り回されたりするので油断禁物。他のエレメントに凶画数が入っていると、さらに問題が増える傾向も。大吉が入っている場合はトラブルをなんとか切り抜けられることもありますが、気は抜けません。

半凶

いつどんな災難が降りかかってくるかわからない運気。いつも翻弄され、なかなか事がうまく進みません。知らず知らずのうちに遠回りをしていることも多くあります。

凶

常にトラブルがつきまとう運気で、お金や家族の問題が起きやすいとされています。自分自身の運気が悪いというより、周囲の人の悪運に影響されやすいため、常に人間関係での問題を抱えている傾向も。

大凶

タイミングよく物事をこなせなかったり、足に重りがついたりしているような状態。なかなかチャンスをつかめず、「あと一歩だったのに……」ということも多く、いつも悔しい思いをしている印象です。

ウルトラ大凶

かなり悪い画数で、つらいことが続けて起こったり、努力していても裏目に出てしまったりと報われないことが多い運勢。お金に縁が薄かったり、快楽に身を滅ぼしたりしてしまう人も。

スーパーウルトラ大凶

もっとも悪いとされる運勢。強靭な精神力があっても乗り越えられないような大きな問題が起きがちです。ストレスが溜まりやすく、そこから病気に発展する恐れも。この画数を持つ人は特に注意が必要です。

1画 〈 吉 〉

発展運

新しいことにチャレンジを

「1」は物事の始まりを表す数字です。なので、何か新しいことにチャレンジするのに向いている画数です。継続することが苦手な面もありますが、マンネリを嫌い、常に変化を求めたいと思うタイプ。環境を変えたり、さまざまな経験を積んだりすることで、発想力が豊かになり、どんどん成長していくでしょう。留学をしたり、旅をしたり、新たな土地で何かに挑戦すると、より大きなチャンスを手にするともいわれています。成功のキーワードは「やらないで後悔するより、やって学ぶ」。1番やオンリーワンを目指したい人にもよい画数で、パワフルに活動する姿に周囲から憧れの目を向けられることも多いでしょう。

2画 〈 大凶 〉

孤独運

心の闇を抱えやすく不安定

「2」という数字は「2つに割れる」という意味を表します。人生が真っ二つに割れてしまうイメージで、よいところと悪いところの両面ができてしまいます。例えば、一見、順調そうに見えるのに実は人には言えない心の闇を抱えていたり。溜まったストレスが爆発し、ふとしたきっかけで魔が差してしまい、犯罪に走るなど、人生が一気に真っ暗になってしまう危険性もあったりします。また集中力にも欠けている人が多く、モチベーションが固まらず、何かを始めようと思ってもなかなか行動に移せない傾向も。人間関係も安定した関係性を築いていくことができません。家族の縁が薄い人も多く見られます。

3画　〈　大吉　〉

組織運

憎めないキャラで人気者

福が舞い込む画数で、人のご縁によって、成功していきます。また
アドバイスをした相手が成功することもあり、誰かのキーパーソン
になることも。憎めないキャラクターで人気者になる人が多く、目
上の人にかわいがられるというところも。人を見る目があり、人
の個性や求めているものを敏感に察することができる才能をもって
いるため、人と人を結びつける役割になることも多いでしょう。組
織を作り、ムードメーカーとしてまとめることもできるので、組織
一丸となって何かに取り組んでいくこともできそうです。頭の回転
が速く、向上心が強いのも特徴。【この画数を持つ有名人】山田優、
川崎希、平野ノラ

4画　〈　大凶　〉

不遇運

なぜか人から嫌われやすい

人からひがまれたり、いじめられたりと、なぜか嫌われやすいのが
この画数。足を引っ張られることもあるので、常に周囲に気を配っ
ていないと、思わぬところで損することも多いでしょう。批判を受
けたり、陰口を叩かれたりしても気にしないという強い心を持って
いないと、人間関係で常に悩むことになります。また、小さい頃か
ら家族がバラバラの状態で育ったり、祖父母の家に預けられたりと
いった影響で、早くから自立している人も多く見られます。両親に
甘えた経験が乏しい場合、他人との距離をうまくとることができま
せん。一匹狼になりがちですが、本当は寂しがり屋で甘えん坊なと
ころも。

5画 《 大吉 》

幸福運

物事がうまく発展していく

常に福に見守られていて、なんとなくいつも"ついている"という画数。横断歩道を渡ろうとするタイミングで信号が青になったり、ホームに着いたらすぐに電車がきたり。自分がやろうとすることがいつもうまく進むので、ストレスに悩まされることが少ないのが特徴です。心が穏やかで、にこにこしているイメージの人が多く、よい話もたくさん舞い込んできます。生まれながらのラッキー体質ともいえるので、人に感謝をしながらその幸運を分け与えていくと、さらに運気が上昇します。【この画数を持つ有名人】山﨑賢人、いとうあさこ、吉木りさ、国分太一【この画数を持つ企業】ソニー、リコー

6画 《スーパーウルトラ大吉》

安泰運

幸運を引き寄せる

選びに選び抜かれた超ラッキー画数。傘を忘れたと思ったら、友達がたまたま2つ持っていて貸してもらえた、というようなラッキーな出来事が頻繁に起こります。この画数を持つ人に悪いことが起こらないように、周囲の人や環境が味方してくれる……そんなふうに思えるほど強いパワーを持ったお守りになる画数です。何かを始めようとすると、その時に必要なものが自然と引き寄せられてくるので、すべてがトントン拍子に進みます。【この画数を持つ有名人】広瀬アリス、小池栄子、木村文乃、ムロツヨシ、千葉雄大、山田孝之、ISSA、ヒカル（YouTuber）【この画数を持つ企業】セコム、TOTO、ニコン、ヤマハ

7画

魅力運

カリスマ大吉

華やかで周囲を魅了

この画数を持つ人は、注目を集めます。異性にモテたり、どこにいても人気者になるので、婚活中の人や友達が欲しい人には有利に働くでしょう。なかには、自分らしさが確立していてこだわりが強い人もいますが、そんな頑固な部分さえも魅力的に見えてしまいます。美しく華やかな人ももちろん多いですが、中にはルックスや性格がずば抜けてよいわけではないのに、不思議と周囲を魅了してしまう人も。自分の演出力にも長けています。【この画数を持つ有名人】二階堂ふみ、土屋アンナ、杏、佐藤健、青山テルマ、木村カエラ、ヨンア、尾崎豊、井上陽水【この画数を持つ企業】ツムラ、イオン、TDK、コマツ

8画

努力運

吉

やり続ければ大器晩成

夢や目標を叶えるためには努力を惜しまない、粘り強さを持っています。時間は少しかかるものの、やり続ければ必ず成果を出すことができるので、大器晩成型の人も多数。責任感が強く、たとえ困難にぶち当たっても、それを乗り越える力強さがあるとされています。この画数の人が何かを成し遂げようとすると、少々時間がかかりますが、成功するまでの長い時間にこそ学びが込められています。和の文化や職人系の仕事など、"長く時間をかけて何かを生み出していくこと"と相性がよい画数でもあります。周囲からは、「この人に任せておけば大丈夫」と頼りにされる存在で、人をまとめる役割になることも。

9画 〔スーパーウルトラ大凶〕

禁欲運

欲に負けて身を滅ぼす

常に思いがけないトラブルと隣り合わせにあります。一難去ってまた一難、という感じでなかなか運気が安定しません。望んだことがことごとく叶わず、いくら努力をしてもうまくいかずに挫折続きの人生になるでしょう。常に我慢を強いられることになり、ストレスが溜まりやすく"欲に負けやすい"という特徴も。借金をしてまで買い物をしたり、ギャンブルにはまったり、身を滅ぼす危険性をはらんでいるため、強靭な精神力がないと不運に飲み込まれてしまいます。一方でこれらの不運をはねのけることで、人とは比べものにならないほどのカリスマ性を手に入れる人もまれにいます。海外で仕事をするのも吉。

10画 〔スーパーウルトラ大凶〕

苦労運

苦労続きでストレスフル

苦労が続く画数。時間をかけて作りあげたものを一気に誰かに奪われたり、何かしらの邪魔が入ったりとストレスフルな人生を送ることになりそうです。人間関係はいつも孤独。愛を信じることができなかったり、他人に本当の自分をさらけ出すことができなかったりして、友達がいてもどこか空虚な気分を味わうことが多いようです。子供の名前にこの画数が入っていると、両親の名前の画数がよくても、夫婦仲が悪くなったり、離婚や別居の可能性が強くなります。これは10画だけでなく9画、19画、20画にも同じことがいえるので、子供の名前に入っていないかどうか一度確認してみることをおすすめします。

11画 ⟨ ウルトラ大吉 ⟩

天恵運 幸運続きで穏やかな人生

まるで一年中春が訪れているような、穏やかな人生を歩む運勢です。やりたかった仕事の話がたまたま舞い込んできたり、始めたばかりの仕事でいきなり成果が出せたりと、偶然を引き寄せてトントン拍子にうまくいくことが多いでしょう。性格は堅実で真面目で謙虚なタイプ。そんなところが周囲からも好印象で、次々とお膳立てをしてもらえます。幸運体質がいつまでも続くので、自分でこれだと思ったことをやり続けていけば、どこまでも発展していくことができるでしょう。【この画数を持つ有名人】上戸彩、榮倉奈々、向井理、黒木華、友近、鳥山 明【この画数を持つ企業】ホンダ、エーザイ、キーエンス

12画 ⟨ 大凶 ⟩

挫折運 挫折続きでネガティブ思考

やりたいことがあっても、達成するまでに時間がかかったり、邪魔が入ったりして途中で諦めなくてはならなくなります。希望が叶えられにくい画数なので、そこで堕落して「どうせ私なんか何やってもダメなんだ……」と、ネガティブマインドになってしまう人も。サービス精神に富んだ根は心の優しい人も多いのですが、それにつけこまれて、安請け合いをした結果、トラブルに巻き込まれてしまう危険性もあります。また、華やかなことが好きで憧れていても、主役になりにくいタイプです。挫折したり遠回りする人生になりがちですが、「この経験がいつか役に立つ！」と、前向きに生きるようにしましょう。

13画 スター大吉

話術運

トーク上手な人気者

話術に長けているので、"しゃべりを生かしてなんぼ"という画数です。営業職、声優業、アナウンサー、司会業、最近ではYouTuberにも向いている画数といえるでしょう。特に、声を生かした仕事で成功しやすい、場を盛り上げることもうまい人気者。子供がおしゃべりが苦手だったり、内気だという方は、この画数のニックネームで呼んであげることをおすすめします。【この画数を持つ有名人】明石家さんま、中居正広、山里亮太、蒼井優、有村架純、石原さとみ、出川哲朗、内村光良、松本人志、岡村隆史、松田龍平、松本潤、山寺宏一、中村倫也、吉岡里帆【この画数を持つ企業】キッコーマン

14画 凶

誤解運

なぜか人に誤解されやすい

些細なひとことで反感を買いやすい画数。何気なく言った言葉が、過剰に受けとられたり、誤解されたりしてしまうので、そこから不本意な出来事に発展しがちです。人間関係にうんざりすることも多く、人と関わることが嫌いになってしまうケースも多く見られます。この画数を持つ人は、言動には慎重になったほうがよいでしょう。またこれはSNSでの発言にもいえ、本人にその気がなくとも、発信した言葉を感じ悪く受けとられやすいので、言葉の使い方に気をつけたほうが賢明です。「口は災いのもと」と肝に銘じておきましょう。家族運もギクシャクしやすく、相手を思って言ったつもりが怒りを買ってしまうことも。

15画 〈スーパーウルトラ大吉〉

人徳運　## 人に恵まれて成功をつかむ

年上の先輩や権力のある人にかわいがってもらえたり、目をかけてもらえたり、と人に恵まれる画数です。年下からは尊敬される対象になるはず。日頃の行いがとてもよいこともあり、周囲の人たちからの盛り立てを受ける機会が多く、どんどん運気が上昇。さまざまなチャンスが巡ってくるでしょう。たとえ困難に直面したとしても、はね返すパワーをもっており、さらに周囲からのサポート力を集めていきます。一生お金に困ることがない画数ともいわれていて、玉の輿にご縁がある人も。【この画数を持つ有名人】北川景子、吉高由里子、高畑充希、井川遥、三谷幸喜、藤本敏史、本田宗一郎、井上雄彦

16画 〈　カリスマ大吉　〉

注目運　## 存在感があり注目の的

存在自体がいつでもどこでも注目を集める画数です。華やかなルックス、キャラクターの持ち主が多いでしょう。自分の好きなものに囲まれることがカギで、ファッションや美容など、こだわりがあるものを持てば持つほど運気が上昇します。見た目が個性的でインパクトを残すことができるので、トレンドセッターとなる芸能人も多数。着ている服が話題になったり、スタイルが真似されたり、影響力があります。【この画数を持つ有名人】宇多田ヒカル、浜崎あゆみ、米津玄師、小栗旬、松田翔太、堀江貴文、香取慎吾、吉沢亮、杉咲花、桐谷美玲【この画数を持つ企業】NTTドコモ、ブリヂストン、旭化成

17画 《 カリスマ大吉 》

光輝運

スター的存在でセンス抜群

16画と同じく、芸能人にとても多い画数。カリスマ性があり、人を惹きつけてやまない存在。さまざまな才能に恵まれていますが、特に美的センスに優れ、美容や芸術に関連する仕事で成功する人も。自分の思うがままに突き進むタイプも多く見られますが、周囲の意見も取り入れるとさらに運気をアップできるでしょう。この画数を持っているのに地味で注目されない……という人はファッションや美容などをもっと楽しんで磨きをかけないともったいない人生に。【この画数を持つ有名人】HIKAKIN、木村拓哉、蜷川実花、松坂桃李、渡辺直美、高橋一生、山田裕貴、大谷翔平、羽生結弦、宮沢りえ【この画数を持つ企業】楽天

18画 《 吉 》

信念運

夢を叶えるまで努力する

地道にコツコツと自分の決めた道を突き進んでいくタイプ。頭がよく、物覚えがいいのも特徴です。人当たりがよく寛容な一方で、心の奥底に強い信念を持っています。真面目に長く続けて成功を収める、といった傾向なので、習い事を何年も続けているとプロになるほど上達することも。8画と同じく、茶道、華道、書道、将棋のような日本文化に関連することに触れると運気が上がりやすくなり、精神も落ち着きます。物事を必ずやり抜く忍耐強さと、他人への思いやりを欠かさない性格で、周囲から信頼と尊敬の念を集める人も多いでしょう。将棋棋士の藤井聡太さんがこの18画を人格と地格に持っています。

19画 〈スーパーウルトラ大凶〉

障害運　　障害が起きやすく波乱万丈

恋の障害だったり、仕事の障害だったり、やることなすこと何かしらに妨害されてしまう運気です。今度こそうまくいくと思っていても失意のどん底に突き落とされるような出来事が起こったり、ドラマのような波乱万丈な人生を送る人がたくさんいます。何をするにも必ず足を引っ張る人が出てくる場合も。そんなふうに悩みが常に絶えない一方、起きてしまう障害と向き合うことで精神力が鍛えられて一気に才能が開花する人もいます。中には不運に鍛えられて慣れてしまうがゆえに、自分では不幸だと感じていない人も。ストレスも多いので生活習慣病には要注意。名前に入れないほうがいい画数です。

20画 〈スーパーウルトラ大凶〉

薄幸運　　調子がよい時ほど危険

頑張っても頑張っても幸せにならないように邪魔をされてしまう運命にあり、いつも孤立するように促されてしまいます。努力して成果を上げても、正当な評価を受けられなかったり、他人に手柄を奪われてしまったり。自分にまったく非がないにもかかわらず、トラブルに巻き込まれることもあります。"うまくいっている時"が最も危険で、そんな時ほど足元をすくわれがち。いきなり奈落の底に突き落とされるようなことも少なくありません。「調子がよいかも」という時ほど、用心しないといけない運勢です。人間関係が安定せず、孤独な人生を送る人も。19画と同じく、名前に入っていないほうがよい画数です。

21画 〈 大吉 〉

責任運

リーダーシップを発揮

自分にも他人にも厳しく接する指導者タイプで、人をまとめる力に長けています。リーダーシップの画数といっても過言ではありません。責任感が強く、後輩や部下など人の面倒をよく見たり、かわいがったりして人望を集める人も多くいます。新しいものをゼロからスタートさせるというよりは、すでにあるもの、用意されているものを引き継いでうまくまとめることが得意ともされています。上司や友達など、周囲の人にこの画数が入っていたら、あなたにとって"頼れる人"になるかもしれません。【この画数を持つ有名人】和田アキ子、滝沢秀明、古市憲寿、マツコデラックス、米倉涼子、森泉、綾野剛

22画 〈 凶 〉

不満運

いつも不満だらけの毎日

不満を溜め込みやすく、ストレスが溜まりやすい画数。これが爆発するとヒステリーを起こしやすく、思いもよらない行動に出てしまいます。周囲を困惑させてしまうことになりかねません。完璧主義なところがあり、頑張り過ぎたり、無理をし過ぎたりするのが原因かも。とにかく不満を溜め込まないように、こまめにストレス発散をするように心がけましょう。しかし、もともと不満につながるようなことを選択しがちだったり、引き寄せやすかったりする性分でもあります。仕事では転職を繰り返しやすく、恋愛も長続きしない傾向です。感情の起伏が激しく、その影響で病気にもなりやすい人も。今一度自分自身の行動を慎重に。

23画 〈スーパーウルトラ大吉〉

独立運 独立や起業で成功する

天下統一の画数といわれていて、織田信長が持つ画数。社長運といってよいほど、独立やお金や出世に強い縁を持っています。自分で事業を興して花開く人が大勢います。会社員の場合でも、トップクラスの地位につく可能性が高いでしょう。自分で仕事をする人には取り入れてほしい画数。この画数を持ちながら、あまり仕事に興味がなく、動かない人は、もったいないです。何か始めれば人生にハリが出るので、自分のやりたいことを見つけてみて。【この画数を持つ有名人】孫正義、藤田晋、小泉今日子、若槻千夏、工藤静香、矢沢永吉、有吉弘行、岩井俊二【この画数を持つ企業】電通、住友化学

24画 〈スーパーウルトラ大吉〉

創造運 真似できない発想力を持つ

想像力と感受性が豊かで、センスや才能や個性で人生を渡っていけます。誰にも真似できない発想力が最大の武器で、新しいアイディアを生み出せるだけでなく、それをどんどんお金にしていくこともできます。才能が突出していても、きちんと周囲の空気を読んで動けるので、人から愛されるという武器も持っています。たとえ人から「変わっている」と言われても、それは褒め言葉ととらえて。自信を持って自分の道を進みましょう。【この画数を持つ有名人】内田裕也、北野武、秋元康、野田洋次郎（RADWIMPS）、黒澤明、橋本環奈、今田耕司、テリー伊藤、浦沢直樹、錦織圭【この画数を持つ企業】テレビ東京

25画 《 凶 》

自我運

ダメな人にひかれてしまう

賢くて頭の回転がよい一方で、思い込みが激しく、"ダメな人"にひっかかりやすい画数です。恋愛ではロクでもないパートナーができてしまったり、ヘンな人と仕事をして貧乏くじをひいてしまうこともしばしば。ブラック企業に勤めやすい傾向もあります。根拠のない自信とプライドがあるところから「自分ならなんとかできる」と思ってしまい、無謀なことをしやすく、泥舟にも乗ってしまいやすいともいえます。自分のことを上手に生かしきれていない人に多い画数です。物事がうまく運んでいる時はよいのですが、そうでない時は大きなストレスを感じるはず。ムラのある性格と周囲に思われている可能性もあります。

26画 《 凶 》

人情運

情に流されやすい人生

情の深い人に多い画数。お人よしで、頼まれるとノーと言うことができません。好きになった人のためなら何でもしてしまったり、困っている人を見ると放っておけなかったり……。それが行き過ぎてしまうととんだ人生を歩むことに。よかれと思ってしたのに自分をどんどん苦しめ、気がついたら悩みの種になってしまっているケースも多いでしょう。また他人に巻き込まれるのも嫌いではないので、その悪い状況に自分自身が気がついていない場合もあります。自分のことを後回しにし過ぎると、いつまでも幸せはつかめません。自分を強く持ち、人や状況に流されないようにしましょう。人との関係性や距離感にも慎重に。

27画 〈大吉or凶の特殊画数〉

威厳運 できるがゆえに背負いやすい

頭脳明晰で直感力にも優れているので、たいていのことはそつなくこなせてしまいます。しかし、その素質がゆえに本人の気持ちとは裏腹に、周囲の期待や責任を背負うことが多く、家族やパートナーの責任まで追ってしまう運命に……。はたから見ると仕事で大成したり、社会的に成功している場合も多いので、人によってはよい人生であることも多いのですが、見えないところで重圧に苦しんでいる場合も。気の許せる相手に出会えず、孤立する場合もあります。頑張り過ぎて結婚運や恋愛運が悪くなる傾向があるので、仕事一筋でいく！というならよいのですが、幸せな家庭や結婚を願う人にはおすすめできない画数です。

28画 〈 凶 〉

不和運 輪にうまくなじめない

周囲との折り合いがうまくいかない画数。不器用でコミュニケーションをうまくとれず、他人となじめないことが多いようです。また外部からの影響を受けやすく、どんな環境に身を置いているのか、どんな仲間がいるのかにおいても状況が一変。家族や親戚のトラブルに巻き込まれたり、相談を持ちかけられて自分までネガティブな影響を受けてしまったりと、予期せぬところで波乱が起こりやすいのも特徴です。急な病気や事故に遭いやすく、不意をつかれる人生です。お金がらみの話では、騙されないように気をつけないと、身を滅ぼすことになりかねません。常に油断せず、地道な努力と忍耐が必要。

※27画と29画はその人の願う方向性や状況によって、大吉にも凶にもなる「特殊画数」です。どちらにあてはまるか、解説と照らし合わせ、判断してください。

29画 〔大吉or凶の特殊画数〕

欲望運

全部を頑張り過ぎてしまう

27画と同様の「特殊画数」。チャレンジ精神が旺盛で、新しい分野を切り開いて成功するなど人によってはよい人生になる一方、結婚運や恋愛運が下がる場合もあるので、やりたいことは何なのかによって、大吉か凶か自分がどちらのタイプなのか判断する必要があります。仕事もあれこれやりたいし、プライベートも充実させたい、人生を楽しく生きたいと思っているので、気がつくといろんなことを背負っています。会社でもリーダータイプが多く、後輩の面倒を見たり、上司からの期待に応えたりしているうちに、自分のやりたいことと、周囲から求められることのギャップが大きくなる傾向も。完璧を求め、頑張り過ぎてしまうところがあります。

30画 〔 半凶 〕

左右運

環境に大きく左右される

その名の通り、左右されやすい運勢。熱しやすく冷めやすい性格で、周囲から見るとつかみどころのない人。コロコロと気が変わりやすく、右に行ったかと思えば、左に行くといったように周囲の環境に振り回されがち。自分でも何がしたいのか、わからなくなることも。よい人と出会えればよい人生を歩めますが、悪い人にひっかかってしまうと、一気に波乱万丈な人生が待っています。やむを得ない事情で転居を繰り返したり、リストラに遭ったり、一定の場所に落ち着くことが難しい場合も。この画数を持つ人は、誰とつきあうか、どんな仕事をするかなど自分の環境を整えることを第一に考えるようにしましょう。

31画 〈スーパーウルトラ大吉〉

成功運 仕事で成功を手にしやすい

この画数が入っている人は、仕事がうまくいきやすいでしょう。社交的で明るく、たくさんの人から慕われる傾向もあります。生まれる前から成功者として選ばれたような才覚の持ち主だったり、何をやってもそつなくこなせる根っからの幸運体質だったり。また年を重ねるほど強運になって、役職、お金、不動産など手に入れるものが多いというケースも多く見受けられます。男女問わず、結婚後も仕事と家庭をうまく両立させます。【この画数を持つ有名人】松井秀喜、指原莉乃、岩田剛典、落合陽一、神木隆之介、窪田正孝、竹内涼真、尾田栄一郎（漫画家）【この画数を持つ企業】ゆうちょ銀行、日本通運

32画 〈 ウルトラ大吉 〉

福徳運 福に恵まれて得をする人生

生まれながらにして徳を持っている人に多いのが、この画数。有形無形を問わず、多くの人からサポートを得ることができるため、夢が叶いやすく、常に得をする人生を歩みます。ただし、気をつけるべきは、よいことがあったら"返す"ということ。それがラッキーを受け続ける条件となります。もらいっぱなしだと痛い目に遭う場合もあるので、寄付やボランティアなどの社会貢献活動をしたり、後輩にごちそうしたりするなど還元する意識を。調子に乗らず、感謝の気持ちを忘れないように。【この画数を持つ有名人】藤木直人、小島瑠璃子、小泉孝太郎【この画数を持つ企業】トヨタ自動車、サントリーホールディングス

33画

大志運

ウルトラ大吉

次から次へと 夢が叶う

引き寄せる力が強く、若い頃からさまざまなチャンスに恵まれます。「こうしたいな」という思いが次々と叶っていくような人生を歩めるので、夢や目標を持つと運気が上昇していくでしょう。この画数を持っているのに何もやりたいことがないというのは、"もったいない"ともいえる画数なので、なかったら今からでも見つけることをおすすめします。みんなに夢や希望を与える人も多く、周囲にやる気を出させるのが上手な人も。仕事においては上司や部下、仕事仲間などからの人望が厚いという特徴も。【この画数を持つ有名人】浜田雅功、草彅剛、星野源、大島優子、綾瀬はるか【この画数を持つ企業】日本製紙、山崎製パン

34画

逆境運

ウルトラ大凶

病気や怪我になりやすい

大変な風が吹く人生なので、頑張っているのに空回りしてしまうのが特徴です。周囲からの誤解を受けて立場が悪くなったり、他人のミスの責任をとったり、不運なトラブルが次々やってきます。また人に尽くしても感謝されることはほぼありません。ストレスが溜まりやすく、体の調子が悪くなってしまうことも。周囲を非常に気にする性格の人も多く、自分を追い込み過ぎて、精神的に深いダメージを負ってしまう場合もあります。また事故に遭いやすかったり、怪我をしやすかったり何かと心身への悪い影響が起きやすい画数なので、プチ改名したりニックネームをつけてよい画数で呼んでもらうなどの対策を。

35画 〈 大吉 〉

師匠運

その道を極める職人気質

何か1つを極めて、力をつけていく画数です。好奇心旺盛でいろいろな分野に興味を持ちます。いわゆる職人系の人が多く、専門職やアーティストなど特別な分野で才能を発揮します。闘争心などは少なく、マイペースですが、心の奥では向上心が静かに燃えているタイプ。この画数が入っているなら、習い事や資格の勉強など、長くコツコツと努力を重ねていくことをおすすめします。その道のプロになれたり、さらにお金を稼ぐこともできます。興味があるものがあれば、まっすぐな気持ちで追究していくのが運気上昇の秘訣です。【この画数を持つ有名人】黒澤明、村上春樹、綾野剛、梶裕貴、新海誠

36画 〈 大凶 〉

困難運

トラブルに見舞われやすい

困難がやってきやすい運気なので、何かにチャレンジしてもうまくいかないことが多いでしょう。ずっと梅雨が続いて晴れないような人生を歩むことに。いつ何が起こるかわからない、どこで誰に裏切られるかもわかりません。梅雨の時期に、折り畳み傘も長傘も持ち歩くように過剰なくらいに用心することが不運を撃退する策になります。またお人好しな人も多いので、騙されてしまったり、尽くすだけ尽くしても実を結ばず感謝されなかったりする側面も。努力を人一倍しても、ようやく人並みに評価される程度で人から尊敬されにくいタイプです。いつも疲れた印象の人が多いので、心身の健康にも用心することをお忘れなく。

37画 〈 ウルトラ大吉 〉

発揮運

個性を出すのが幸運のカギ

実力を最大限に発揮することができます。忍耐力もあり、責任感も強く、組織にいるよりは、独立したほうがうまくいきやすい傾向を持っています。自分の個性や特徴を生かすのが幸運のカギで、自分を信じて貫くことが大切。こだわりがあればあるほど運気が上昇するので、ファッションやスタイル、また愛用しているものに主張がしっかり表れているとよいでしょう。自信に満ちた態度が、憧れの眼差しを集めますが、調子に乗ると運が低迷する恐れも。謙虚に周囲と協力し合うことで、より力を発揮できるものと心得るように。【この画数を持つ有名人】賀来賢人、蜷川幸雄、松田優作、福山雅治、布袋寅泰

38画 〈 大吉 〉

才能運

その道を極めればスターに

35画と同様に、その道を極めれば極めるほど成功しやすく、スター性が高まる画数です。もともと勘がよく、手先が器用で、学ぶことに熱心な人が多いのが特徴です。焦ることなく自分のペースで精進しながら、着々と実力をつけて結果を出していくタイプで、一生懸命取り組む姿にさらに人気が集まります。技術系の仕事や職人向きの人に多い画数で、美的感覚にも優れているので、アート系やデザイン系の道に進んで成功をつかむ人も多くみられます。【この画数を持つ有名人】市川海老蔵、荒木飛呂彦（漫画家）、篠山紀信、宮崎駿、湯川秀樹、澤穂希、小泉進次郎【この画数を持つ企業】日立製作所、三菱自動車

39画

活躍運

ウルトラ大吉

生まれながらにしてスター

生まれつきスター性が約束されているかのように、チャンスをつかみながら活躍していく人が多い画数です。それなので、この画数を持っていたら、自分が活躍できる場所をいかに見つけるかが大切になります。負けず嫌いの人が多く、自分を輝かせるために、陰の努力を惜しみません。夢や目標に向かって突っ走るパワーがあるので、どんな困難にも対応していけるでしょう。また頭がよく、人をまとめるのが上手な根っからのリーダー気質な人が多いのも特徴です。【この画数を持つ有名人】菅田将暉、戸田恵梨香、徳井義実、稲垣吾郎、春風亭昇太、生瀬勝久、塚地武雅【この画数を持つ企業】日産自動車

40画

裏切運

半凶

信頼している人からも裏切られやすい

頭がよく、優れた直感力で自分にぴったりの道を選びとることができる人です。しかし、驚くべきタイミングで周囲の人に裏切られることが多い画数です。家族や友達や恋人や会社の上司など、それまで信頼してつきあってきたり、仲間として一緒に頑張ってきたりした人にも、平気で裏切られてしまいます。なので、この画数を持っていたら、周囲の動向を常に気にしておくべきです。お金のありかや自分の秘密などを不用心にペラペラ話さないようにしましょう。「宝くじが当たった！」などもってのほか。友達が魔が差して裏切り行為を行わないように、自分が用心をして、心構えをしておくと回避につながります。

41画 { ウルトラ大吉 }

名実運

実力と人望で成功できる

年を重ねるにつれて、実力がいっそうついてきて、より力を発揮します。高い理想にのびのびと近づき、権力者になっていく人も多い画数です。もし困難にぶつかったり、つらい時期があったりしても「今は実力をつけるんだ」と自分を奮い立たせることが運気を上げるコツです。また自己実現欲が強い一方で、人柄は温厚な人が多いのも特徴の1つ。相手を尊重するため、人望が厚く、組織の一員としても、独立・起業しても名実ともに成功していく運気の持ち主です。健康や家庭運もよく、幸せな人生を歩むことができるでしょう。【この画数を持つ有名人】西野亮廣、篠原涼子、宇野昌磨、石原慎太郎、南原清隆

42画 { ウルトラ大凶 }

爆発運

心に爆弾を抱えている

心がいつも不安定で、ストレスがいつ爆発するかわからない状態です。支払いが無理な金額の買い物をしてしまったり、悪い異性に溺れてしまったりと、少しのきっかけで身を滅ぼしかねません。何でもそつなくこなす器用さをもっているものの、熱しやすく冷めやすい性格から、中途半端に物事が終わることも。ただの便利屋さんで終わってしまったり、いつも他人に気を使ったりと、なかなか気が休まらないところもあります。あまり自分を追い込まないようにしましょう。幼少期にうまく甘えることができなかったり、家族と仲よくできなかったりした経験から、人づきあいが苦手で友人関係が長続きしない場合も。

43画 〈 ウルトラ大凶 〉

浪費運 お金が流れていきやすい

人生を通して、お金に縁遠い人に多い画数です。もともと華やかな世界への憧れが強く、きらびやかな物にお金を費やしがち。入ったら、入ったぶんだけ使ってしまうような性格で、浪費癖が激しいのが特徴です。大きな買い物だけでなく、お酒や食事、また見栄を張って他人におごってしまうことも多々あります。お金の大切さを改めて考え、節約を心がけましょう。その気持ちがなければ、借金やお金絡みのトラブルに見舞われる可能性があります。また株などの投資にも向いていません。お金に関して欲を出したり、むやみやたらに手を出さないのが賢明です。早いうちから人生設計を立てることをおすすめします。

44画 〈 ウルトラ大凶 〉

傲慢運 傲慢だと勘違いされる

才能はあるものの、人から誤解されやすいことが災いして、傲慢に思われたり、第一印象が悪かったりと損をするタイプです。自分自身ではそんなつもりがなくても、目上の人から生意気と目をつけられやすいので、態度や発言はより慎重に。謙虚にふるまうとよいでしょう。ただし、長くつきあうことで魅力が伝わる人でもあるので、等身大の自分を周囲にアピールすれば、少しは運気を上げることもできます。誤解の解かれた本当の自分をわかってもらえるように、丁寧なコミュニケーションをとりましょう。自分の長所が生かせる場所になかなか出あえず、不満を抱えている人は、まず謙虚さを意識するようにしましょう。

45画
達成運

ウルトラ大吉

鍛錬することで成功者へ

意志が強く、何でも実行に移すタイプです。頭もよく、特に物事を決断する能力に長けているところが特徴です。ビジネスセンスもあり、努力も惜しまないので、次々と目標を達成し、確実に実績を積んでいきます。周りからも「結果を出す人」と認められている場合が多く、その姿に尊敬の念を抱いている人も。夢や目標に向かって鍛錬することで成功する画数なので、明確なヴィジョンを持っているほど人生運は上がります。周囲と積極的に協力すると、さらなる運気の上昇をねらえます。一代で大きな会社に成長させたり、成功者の道を歩むことも夢ではありません。【この画数を持つ有名人】新田真剣佑

46画
災難運

ウルトラ大凶

なぜか幸せが続かない

繊細で気配り上手、人が見落としてしまうようなことにも率先してケアができる縁の下の力持ちタイプです。しかしながら、なぜか幸せが長く続かず、いつも災難が降りかかってしまいます。自分は悪気なくやっていることでも、茶化されたり、批判されたりと、どこからか飛び火して燃やされてしまうようなイメージです。突発的な事故にも遭いやすいので、「いつどこでトラブルが起こるかわからない」と常に用心する必要があります。自分だけではなく、周りの人に問題が起こるケースも多いです。体調もどこか万全でなく、疲れがいつもたまっている人も。常に気が休まらない人生になってしまうかもしれません。

47画 （スーパーウルトラ大吉）

繁盛運　　愛されながら成功する

魅力がどんどん開花していく人が多い画数です。個性を発揮することで商売がうまくいくので、会社を立ち上げたり、ブランドを作ったり、自分のセンスを生かしながら新しいものを作り上げたい人にぴったりの画数です。また誰からも愛される性格で、たくさんの協力者を得ることもできます。愛されながら、地位も名誉もお金も手に入る幸運体質といえるでしょう。ただし、何でもうまくいくからといって、おごり高ぶることなく、感謝の気持ちを忘れずに。独立・企業にも向いている画数で、自由がきく環境のほうが、より力を発揮できるでしょう。【この画数を持つ有名人】宮藤官九郎、假屋崎省吾（華道家）

48画 （ ウルトラ大吉 ）

円満運　　人との交流で成功をつかむ

温厚で心の優しい人に多く、話をよく聞くなど周囲の人間関係をとても大切にします。何気ない会話から大きなビジネスにつながったり、女子会で話した内容から新しいブランドが生まれたりするなど、人とのコミュニケーションで運気が上昇します。自分のやりたいことをどんどん人に話したり、人との交流を深め、輪を広げると成功をつかみやすい傾向にあります。また困難を乗り越える精神力を持ち合わせていて、人を立てるのも得意。裏方の仕事に向いている人も多いです。欲深くなり過ぎないことだけ注意すれば、家庭生活も円満な人が多いでしょう。【この画数を持つ有名人】遠藤憲一、高橋留美子（漫画家）

49画 〔 半凶 〕

虚栄運

見栄が自分を苦しめる

素敵な自分でいなければいけないというプレッシャーを感じていて、見栄っ張りなところがあります。プライドが高く、自分が持ち上げられるのは好きだけど、否定をされると攻撃的になるところも。また自分にとって味方だと思う人には好意的な一方、そうでない人にはドライに接するなど、好き嫌いが激しいところも見られます。うわべだけで中身が空っぽになりがちなので、鍛錬が必要です。他人をうらやましいと思うと、そんな自分が嫌でさらに頑張ってしまうタイプでもあり、どんどんストイックに。自分を追い詰めていく傾向があります。人をなかなか信頼することができず、悩みも他の人に相談できません。

50画 〔 半凶 〕

明暗運

環境で人生が分かれる

誰と一緒にいるか、どんな環境に身を置くかで人生の明暗が分かれる画数です。この画数を持っている人は、常に周りの人の運勢まで背負い込むので、周囲が変化すると、自分にも大きな変化が起こってしまいます。アップダウンが激しくなるので、状況に一喜一憂しない強い精神力を養うことが必要かもしれません。ネガティブな発言をしてしまうと、周囲のやる気まで消してしまいがち。上昇志向で出世欲もありますが、仕事の評価が低く、実ることが少ないのも特徴。人の上に立つよりも2番手、3番手として周囲を固めていく仕事が向いている人も多く見られます。大きすぎる期待は抱かず、堅実な人生を目指しましょう。

51画 《 凶 》

変化運

変化ばかりで安定しない

常に変化を求め、マンネリを嫌う傾向があります。周囲の環境もコロコロ変わりやすく、「いいな」と思った異性が転勤で遠方に行ってしまったり、やっと慣れてきたと思ったら職場の配置替えが行われたり……など安定しません。仕事や恋愛においては自分の気持ちもコロコロ変わりやすく、熱しやすく冷めやすい性格です。新企画をどんどん立ち上げていくような仕事は向いていますが、決められた仕事を続けるのは大の苦手。成功に味をしめて多くのことに手を出そうとすると、失敗するでしょう。晩年のほうが、運気が低迷しがちなので、若い頃のように勢いと体力勝負で仕事をしていくのは厳しくなるかも。

52画 《 大吉 》

上昇運

先見の明もある成功者に

頭の回転が速く、先見の明もある人に見られる画数です。常に今後を予測しながら行動するので、結果が出やすく、早い段階から成功をおさめやすいでしょう。トレンドをつかむことができるので、ビジネスにおいても"大ヒット"を生み出す可能性が十分あります。さらに、年を重ねるごとにさらに運気が上昇し、いつまでも若さに満ち溢れ、生涯にわたって現役の精神でいることができます。働くのがとにかく生き甲斐である部分もあり、下の世代の人たちから仕事などの相談もよく受けます。そんな時は自分の経験を生かしたアドバイスをするとよいでしょう。【この画数を持つ有名人】冨樫義博（漫画家）

53画 ⦅ 吉 ⦆

信頼運 穏やかで信頼を得やすい

お金や名声よりも人間関係を第一に考えます。性格は穏やかな人が多く、挨拶を欠かさないなど礼儀正しい人と思われる一面もあります。誰に対しても誠実に接するので、信頼を得やすいところがこの画数をもつ人の強みです。人望が厚いのでビジネスだけでなく、プライベートもうまくいきやすいのですが、人脈を利用しようと近づいてくる人もいるので、注意が必要です。それに気づかずトラブルに巻き込まれ、最悪の場合は全てを失ってしまうことにもなります。特に老後にアクシデントに見舞われやすい運気なので、少しでも違和感を感じたり、嫌な予感がするような人や出来事はスルーして近づかないようにしてください。

54画 ⦅ 大凶 ⦆

妨害運 何をしても中途半端な結果

思い通りにいかない一生を送ることになるかもしれません。誰かのために一生懸命頑張ってもその努力をわかってもらえないことが多く、不満が溜まりがち。また、自分の本当の気持ちをひた隠しにする傾向があり、それが裏目に出ているケースも。「何を考えているのかわからない、つきあいにくい人」と思われてしまうことが多く、それが日々のストレスにつながっているのかも。タイミングが悪かったり、手応えなく終わったりと何をやっても結果が中途半端に終わる可能性も高いです。家族運も悪く離婚や死別を経験するかもしれません。晩年になるとお金がどんどん外に出ていきがちなので、若い頃からお金の使い方には気をつけるようにしましょう。

55画 〈 大凶 〉

逃避運

身勝手で人から信用されない

ふるまいや発言や考え方が極端で自分勝手です。何に対しても後先
考えずに、イチかバチかで臨むところがあるため、散々な結果になり
それに周囲を巻き込んでしまうこともあります。自己中心的な部
分が原因で人からなかなか信用してもらうことができず、周囲から
のサポートをうまく受けることができません。自分のことばかり考
えず、協調性を大事にするよう心がけましょう。晩年はその頑固さ
が増し、いっそう身勝手になりやすく、天涯孤独の身になってしま
うかもしれません。他人を受け入れなければ、自分を受け入れても
らえることはありません。今のうちから柔軟さを身につけるように
しておきましょう。

56画 〈 大凶 〉

転落運

焦れば焦るほど悪循環

夢や目標に向かって突き進もうとしても、想定外のところでアクシ
デントが起きてしまい、欲しいものが手に入らない人生です。行動
を起こそうとする度に何かしらの邪魔が入ってくることも多いで
しょう。自分の望んでいる方向とは反対の方向にいつも物事が進
んでしまうため、焦りを感じてしまいますが、焦れば焦るほど悪循
環に陥り、運気がどんどん下がっていってしまいます。焦りは禁物
です。人間関係においては、周囲に親切に接しているのに、感謝
されなかったり、わかってもらえずイライラしてしまう場面も多いで
しょう。晩年に向かって転落したり、勢いが衰えていくような人生
を歩むことになりそうです。

57画 ❨ 半吉 ❩

勤勉運

地道な努力が成功する条件

頑張れば頑張るほど、運が開けるタイプの人です。自分でコツコツと努力を積み重ねていくと、人を見抜く力が身につき、マネジメント能力を発揮できるでしょう。また、チームをまとめるリーダーとしてカリスマ的な存在になれるかも。ただしこの画数を持つ人は地道に頑張ることが成功する条件。誰かに依存したり、イチかバチかを狙ったりすると失敗するリスクがあるので注意しましょう。安定的な生活を手に入れたいなら、たとえ時間はかかったとしても、真面目に取り組むほうが賢明です。困難も少なくないですが、乗り越えていく中で自分が鍛えられていきます。然るべきタイミングで大きなチャンスも巡ってくるでしょう。

58画 ❨ 半吉 ❩

激動運

諦めなければ望みも叶う

人の上に立ちたいという野望をもっています。何事にも万全の備えで臨むため、夢や目標に向かって走りながら、着実に実力をつけていきます。しかし周囲の人や環境に左右されやすいのが難点。それが原因でなかなか思うように成功をつかめません。時間がかかるかもしれませんが、諦めずに突き進めば必ず最後には成功者になれるでしょう。その過程で注意しなければいけないのは、おいしい話。一見、ラクできそうな話に乗ると、予期せぬ不運に見舞われる可能性が非常に高いのです。人間関係においては、嫉妬やねたみの感情が出てしまうと、運気が低迷する恐れがあるので、人と比べず自分らしくいることを心がけるようにしましょう。

59画 〈 大凶 〉
敗北運
虚勢を張っても空回り

大きな夢を抱いても向上心に欠けていて、耐えて頑張っていけない性分。夢に向かって努力し続けられず、少しでも大変なことがあったり、コツコツと試行錯誤を重ねる努力に飽きてしまったりするとすぐに諦めてしまう傾向も見られます。また、他人に対しては自分を強い人間に見せたいと思うがあまり、虚勢を張ってしまうところも。しかし実際は打たれ弱く、プレッシャーに負けてしまうため、そのギャップから空回りしてしまうケースも多いでしょう。一度自分の意志の弱さと向き合うのが必要。また人と接するときは、できるだけ等身大の自分を心がけ、いつもより肩の力を抜いてみるとよいかもしれません。

60画 〈 大凶 〉
失意運
問題解決に追われてばかり

大きな成功を夢見る暇もなく、自分の身に起きるさまざまな問題を解決することに追われる人生になるかもしれません。災難が降りかかってきたり、事故や病気のほか、家族や親族同士の争いなど身内のトラブルに巻き込まれやすい画数です。仕事面ではよいアイディアを思いついても、出遅れて誰かに先を越されてしまう場面もあるでしょう。ただでさえ問題が起こりやすいのでそれに振り回されてしまいがちですが、そんななかでも明確に自分の進むべき道を決めることが大切です。思った成果があげられないままダラダラと人生が終わってしまわないようにするには、流れに身をまかせるのではなく主体的に生きるような選択をしましょう。

61画 〈 大吉 〉

自惚運

謙虚であれば結果を残せる

どんな仕事でも結果を残してしまう実力の持ち主。頭がよいので、たいていのことはこなせてしまう器用さをもっています。新しいことを開拓するチャレンジ精神にも富んでいて、海外で勝負する可能性もあります。自分を支えてくれている人に感謝の気持ちを忘れなければ、さらなる幸運を引き寄せるでしょう。またご先祖様の強いご加護がある画数でもあります。ただし自己評価が高過ぎるところが、人生の足かせに。勝気な態度が周囲を不快にさせることもあるので、常に謙虚さを忘れてはいけません。周囲に調子に乗っていると思われてしまい人間関係が悪くなると、チャンスを逃す可能性があります。その点を気をつけて。

62画 〈 大凶 〉

心労運

繊細で悩みが絶えない

子供の頃から苦労している経験が多く、次から次へと悩みが増えてしまう人生です。繊細な一面もあるので、自分とは無関係な周囲のトラブルにも心を痛めてしまう人も多いでしょう。そこからストレスが溜まりやすいことがあげられます。気分の浮き沈みや不眠などの問題も抱えがちなので、体調には特に気を配っておきましょう。心身のコンディションをできるだけよい状態に保つようコントロールするには、日頃から自分の心身との対峙を忘れずに。そして"自分がもっとも効率よくリフレッシュできること"をいくつか持っておくと心強いでしょう。できるだけ笑顔でいるように心がけると運気はいくらか持ち直します。

63画 〈スーパーウルトラ大吉〉

隆盛運

エネルギーに満ち溢れた人

とてもパワフルで、顔色がよく、肌つやがよい人が多いのが特徴です。周囲からも目をひくようなオーラがあり、それに引き寄せられるかのようにお金も人脈もどんどん集まってきます。持ち前のエネルギッシュさを生かし、一度決めた夢や目標には一直線に進んでいきます。時には周囲の人を巻き込みながら、状況を盛り上げてくいくところもあります。勢いを自ら作りだし、その勢いに乗ってチャンスをつかみとっていく……そんな強い運の持ち主です。ボランティア活動に参加するなど、社会貢献をすることで、自分の得たものを世の中に還元していくようにすると、さらに充ち足りたよい人生になるでしょう。

64画 〈 大凶 〉

衰退運

晩年孤独になりがち

年齢を重ねるごとに全体的な運気が消耗していくのが特徴。離婚や別居を経験したり、それまで周囲にいた人が離れていってしまったり、孤独を味わう傾向も多いです。寂しい晩年を送り、誰かに愚痴をこぼしたり甘えたりできないつらさを味わうことになるかもしれません。そんな切ない人生にならないようにするには、若いうちに積極的に友人をつくったり、長く続けられるような趣味を探したり……。晩年をできるだけ充実させるための準備を早いうちから始めましょう。とはいえトラブルに巻き込まれやすい体質なので、人にお金を貸したり、悩みのタネになりそうなことはできるだけ未然に防ぐように心がけてください。

65画 〈 大吉 〉

名声運

周囲がチャンスのお膳立てを

家族の仲がよかったり、よい職場に巡り合えたりと、環境に恵まれることが多く、充実した人生を送っていけます。本人の性格も明るいので、自然とよい人が集まってくることも多いでしょう。困ったことが起こっても周りの人が力を貸してくれるので、トラブルとはほぼ無縁。また周囲がお膳立てをしてくれて、思いもよらないところからチャンスがやってくることもあります。いつでも順風満帆の日々を送っているので、時にはうらやむ人も出てくるかもしれません。しかし、生まれもっての強運が、そのねたみや障害や敵からさえ守ってくれるので、何の害もありません。健康運もよいので、元気にあふれ長生きできそうです。

66画 〈 大凶 〉

苦境運

間違った道に進みやすい

心身ともに弱いのが特徴で、選択を誤ってしまう人も多く見られます。アクシデントが起きるとすぐに心が折れてしまったり、せっかくのよいチャンスが巡ってきても、勇気が持てず自ら手放してしまったり……思っている方向になぜか進むことができません。仕事ではブラック企業に入社するなど、不必要に苦しむところへ自ら飛び込んだり、恋愛では既婚者など好きになってはいけない人を好きになったり、何かと間違った道に進みやすい面もあります。まずは何事もよく考えて行動すること。そして甘い誘いに乗って最終的に苦行を強いられないように、勤勉を心がけましょう。少しずつでよいので精神力を鍛えていくことも大切です。

67画 《 大吉 》

知力運

世渡り上手で出世しやすい

豊富な知識と経験、そして穏やかな性格が強みとなる人です。また頭もよいので、どこでも器用にふるまうことができます。ムードメーカーとして人気者になる可能性が高く、かなりの世渡り上手が多いのも特徴です。実力がしっかり備わっていれば、若くして出世する人も多く、仕事運もかなりよいほうです。家庭運も安泰でよいパートナーに恵まれやすく、その安心感やサポートが仕事運をより上げてくれる可能性もあります。もの知りなので、学校や職場で「先生」と呼ばれたり、何かと相談を持ちかけられたり、自然と頼られる存在になります。その期待に応えるべく、より頼もしい人格へと導かれ、時間とともに周囲からの信頼が厚くなっていくでしょう。

68画 《 大吉 》

思考運

勤勉で遅咲きタイプ

年齢を重ねても学び続ける姿勢があり、とても勤勉であることがあげられます。幅広い知識を持ってはいても、行動力にやや欠けるため、最初から注目を浴びることは少ないのですが、時間をかけてゆっくりと評価を上げていきます。遅咲きタイプの可能性が高いですが、それで花開いた時は絶対的な地位に上り詰めているケースが多いのです。なので焦らず自分のペースで努力を続けていけばよいでしょう。周りが自分よりも早く成功をつかむことになるかもしれませんが、人と比べたり、競ったりすると運気が下がってしまいます。ライバルは自分自身と考えて、欲しいものを手に入れるまではよそ見せず、諦めない姿勢が大切です。

69画 ⟨ 大凶 ⟩

不慮運　調子に乗ると足元をすくわれる

予想外の出来事が起こりやすい日々を送っています。思いがけない事故や病気、身内のトラブルなどがいつ起こるかわからない状態なので、気を緩めていられません。調子に乗ったらすぐに足元をすくわれるでしょう。心を休めることができず自虐的になってしまいがち。でもそうなると、どんどん運気が下がってしまうので、心の安定をどう保つかが重要。1日3回、深呼吸をして常に平常心でいられるように訓練していきましょう。どんなに大変な時でも、そんな時だからこそ、笑顔で人に優しくできるように、心に余裕を持つようにしてください。そうすることで、少しでも不幸を近づけないようにできます。

70画 ⟨ 大凶 ⟩

空虚運　いつも何かが足りていない

心にぽっかりと穴が空いたような虚しさがあり、それが消えることはありません。暮らしていくのには十分な経済力があったり、自分が望んだ社会的な地位を手に入れられていたとしても、なぜか気持ちが晴れないのです。他の人がうらやましく見えて、自分の幸せには目が向きません。周囲と比較して自分の状況を恨んでも仕方がないので、まずは今という時間を大切に過ごすことを心がけてみましょう。一日一日の時間の感じ方が変わってくれば、一歩前進した証拠。幸せは当たり前の日常の中にあります。少しずつでも運気を安定させるためには、日々の暮らしに小さな幸せを見出すようにして生きてみてください。

71画 〈 半吉 〉

慎重運

慎重派で行動がゆっくり

仕事にしろ、プライベートにしろ、とにかく石橋を叩いて渡るように慎重に物事を進める傾向があります。何度も何度も確認しないと不安になってしまう性格が災いして、時には自分を追い詰めてしまいます。しかし途中放棄ができない真面目な性格です。そんな葛藤に苦しんでいる人は、「私はこうでなければいけない」というルールを少しずつ壊してみると、心が楽になるでしょう。頭で考えているだけでは、心は成長しません。心で感じたそのままに従うことも時には必要です。心の足かせを外してみると発想が豊かになり、行動も変わっていくでしょう。その新しい第一歩があなたの可能性をもっと引き出してくれるかもしれません。

72画 〈 凶 〉

吉凶運

寂しがり屋で依存体質

とても寂しがり屋の人に多い画数です。他人を思いやれる、心優しい性格ですが、その一方で、誰かに愛されている実感を得られないと不安になってきて夜も眠れない、といったことも。パートナーにつねにいてほしく、恋愛、セックスに依存しがちなところがあり、異性関係においてはよくトラブルを引き起こしがち。自分の居場所が欲しかったり、必要とされる実感を持ちたかったりするがゆえに肉体関係を許してしまうのには「誰かの特別な人でありたい」という心理が潜んでいます。しかし、依存ばかりしていてはよい関係は続きません。寂しいと感じたら依存ではなく、何かを学ぶ時間で充実感を得るようにしましょう。

73画 〈 半吉 〉

執着運

執着心を手放して

カリスマ性があり人気を博す一方、自己中でわがままが過ぎて、ただの厄介者になってしまう危険性があります。基本運勢はおのずと幸せが舞い込んでくる画数で、大きな夢や目標に向かって着実に前進していくことができます。しかし自分の思い通りにいかないとヒステリーを起こしたり、自分の言う通りに人が動いてくれないと攻撃的になる傾向があり、それが大きなトラブルのもとになることも。根本にあるのは物事への執着心の強さ。それが度を越えてしまうと破滅の道をたどることがあるので注意が必要です。手に入らないもの、思い通りにいかないことがあってもその現実を受け止め、執着心を手放す勇気をもって。

74画 〈 凶 〉

苦悩運

考え過ぎが苦しみの原因

周囲からの印象と、本当の自分の姿に大きなギャップがあります。それが原因で周りに誤解を与えてしまったり、失望させてしまったりすることも多いでしょう。そんな自分がいやになって、人間関係での悩みが尽きません。自分や他人について考え過ぎてしまうところがあり、顔つきがいつも疲れているようだったり、覇気がなかったりするのも特徴の１つです。運気を上げるには、心を楽にしてあげることが大切です。少しずつでもよいので勇気を出して、本当の自分を周囲にさらけ出してみましょう。素直な気持ちを口にしてみたり、人目を気にせず行動してみたり、息抜きタイムを意識してつくるなど、できることから始めてみてください。

75画 〈 半吉 〉

継続運

続けることで成功も手に

真面目にコツコツと地道な努力を続けることで、成功を手に入れられる画数です。目標まで近道をしようと手っ取り早い方法を模索したり、誰かを利用して自分が楽をしようとしたりすると運気が下がる可能性があるので要注意です。いつでも慎重さを忘れないように心がけてください。また"継続"がキーワードになるので、若い頃に始めた習い事を続けていくうちに、その道の専門家になれる可能性もあります。途中で芽が出ないと思っても諦めないで続けていきましょう。そして、努力が実ったときにも謙虚さを忘れることなく、さらなる努力を重ねていれば、より大きなチャンスをつかむことができるでしょう。

76画 〈 大凶 〉

翻弄運

わがままが運命を翻弄

自分の考えに固執するところがあり、人の意見を素直に受け入れられません。こだわりやわがままを周囲に押しつけて、振り回しているうちに、自分自身が運命に翻弄されてしまうことになります。「私は誰にも理解されない」と思っているかもしれませんが、あなたが他人を理解しようとしなければ、周りもあなたを理解しようとする気持ちにはなりません。まずは人それぞれ違う考えを持っていると受け入れてみましょう。また、自由気ままにその日暮らしをしたがる傾向があり、若い頃はそれでもやっていけますが、晩年は孤独な人生を送ることになります。周囲と共感し合ったり、協力し合ったりするように努めてみましょう。

77画 〈 半吉 〉

上下運 他者のサポートは期待しないで

アップダウンが激しい人生。あなた自身にも一貫性がなく、言うことがころころ変わったり、あっちへフラフラ、こっちへフラフラしたりしている印象です。環境に影響を受けやすく、場所やタイミングによって周囲の評価が全く異なる場合もあります。人の信頼を勝ち取るのがかなり難しく、周囲からの支持を得られません。最初から誰かのサポートを期待しないほうがよいでしょう。すぐに結果が出なくて意気消沈することもありますが、そんなときでも諦めずにやり遂げれば運が開けてきます。

78画 〈 半吉 〉

信念運 初志貫徹でかけ抜ける

自分の信念をしっかりと持っていて、それを貫き通す人生でしょう。苦労も少なくありませんが、どんな困難が訪れても、初志貫徹の精神で切り抜けます。周囲から何を言われても全く気にしない強さを持っているので、ブレることなく自分の信じた道を一直線に進み、それが報われる日がやってきます。また、年を重ねるにつれて魅力に深みが出てきたり、人生の深みを体験したりすることになるでしょう。最終的には周囲に慕われ、みんなが認める実力者になれる可能性も高いです。

79画

困窮運

大凶

出る杭は打たれてしまう

一見、華やかで輝かしい人生を送っていますが、実は毎回思わぬところで邪魔が入ってしまうのが特徴です。この画数の人はアクティブで、目立ちたがり屋な傾向があるのですが、それが災いしているところも。「出る杭は打たれる」の通り、周囲からねたまれたり足を引っ張られたりしやすいのです。口のきき方やふるまいに人一倍気をつけないと、生意気だと思われる可能性も非常に高く、それでチャンスを逃してしまうこともあります。日頃から言動に気をつけるようにしましょう。

80画

失望運

大凶

何に対してもネガティブ

幼い頃からのネガティブ思考が染み付いてしまって、それがなかなか厄介なことになっています。真面目で努力家なところがあるのですが、行動力が伴わず、なかなかよい成果が出ません。人脈も細いので、そこもウィークポイントでしょう。頑張ろうとする気持ちがあっても、ダメな結果に慣れてしまっているところがあるので、夢を持つことすら途中でやめてしまう人も多いのです。中途半端な人生になりやすいので、成果がなかなか出なくても、投げ出さず最後までやり抜く粘り強さを身につけましょう。

総画数50画以内を目安に

∘∘

　本書では80画数まで、それぞれが表す運気を紹介しています。しかし新しく姓＋名前のネーミングを行う場合は総格50画以内をおすすめします。画数が多くなると、それ以外のエレメント（天格、人格、地格、外格）の画数を整えにくくなるからです。

　また私の経験上、50画以上のお名前を鑑定する例

はあまりありません。ほとんどの方は50画までのお名前です。

　何かの名前を調べる時に必要になる可能性はあるので、巻末の画数表には80画までの解説を載せていますが、プチ改名や新規に「姓＋名前」をネーミングする際は50画以内で考えるのがおすすめです。

　そんなことも念頭におきながら、幸運を導く名前を手にしてください！

『よい名前　悪い名前』

2020 年 11 月 2 日　初版第 1 刷発行

著者　イヴルルド遙華

発行人　鈴木崇司

発行所　株式会社　小学館

　　　　〒 101-8001　東京都千代田区一ツ橋 2-3-1

　　　　電話：編集　03-3230-5800　　販売　03-5281-3555

印刷　萩原印刷株式会社

製本　株式会社 若林製本工場

装丁　井関ななえ（emenike）

イラスト　相良奈都希

構成　坂本アヤノ

販売　中山智子

宣伝　井本一郎

制作　宮川紀穂

資材　星一枝

編集　矢島礼子